[应用金融学系列教材]

固定收益证券
FIX-INCOME SECURITIES

主　编　◎　刘　园
副主编　◎　陶　煜　　彭　翱
　　　　　　王　健　　彭　翼

首都经济贸易大学出版社
Capital University of Economics and Business Press
·北京·

图书在版编目(CIP)数据

固定收益证券/刘园主编. —北京:首都经济贸易大学出版社,2017.5
ISBN 978 - 7 - 5638 - 2607 - 0

Ⅰ.①固… Ⅱ.①刘… Ⅲ.①固定收益证券 Ⅳ.①F830.91

中国版本图书馆 CIP 数据核字(2017)第 023325 号

固定收益证券

刘 园 主编

GuDing ShouYi ZhengQuan

责任编辑	田玉春
封面设计	砚祥志远·激光照排 TEL:010-65976003
出版发行	首都经济贸易大学出版社
地　　址	北京市朝阳区红庙(邮编100026)
电　　话	(010)65976483　65065761　65071505(传真)
网　　址	http://www.sjmcb.com
E - mail	publish@ cueb.edu.cn
经　　销	全国新华书店
照　　排	北京砚祥志远激光照排技术有限公司
印　　刷	北京玺诚印务有限公司
开　　本	710 毫米 × 1000 毫米　1/16
字　　数	255 千字
印　　张	14.5
版　　次	2017 年 5 月第 1 版　2017 年 5 月第 1 次印刷
书　　号	ISBN 978 - 7 - 5638 - 2607 - 0/F·1455
定　　价	29.00 元

图书印装若有质量问题,本社负责调换

版权所有　侵权必究

前　言

证券是市场经济不断发展的产物,并随着金融市场的发展而日新月异。通常固定收益证券会被解读为未来可以收到固定收益的一类证券。但实际上,随着金融创新不断向纵深发展,许多未来收益不确定的证券也被划分在固定收益证券之列,债券、优先股在一定期限内会产生固定的货币流量,无可厚非属于固定收益证券的范畴,此外商业票据、银行承兑票据、回购协议、大额可转让定期存单以及抵押贷款担保证券等未来现金流的数额与日期都不是固定的证券也被称为固定收益证券。一般而言,固定收益证券指证券投资者拥有未来获得一系列确定数额货币流入的要求权,固定收益证券的发行者未来支付的货币数量要符合一定的合约规定。本书所指的固定收益证券主要指债券。

了解美国历史的读者会发现,债券对于美利坚这个年轻国家的立国,对于政府与市场、政府与企业、政府与民众关系的确立,甚至对于美国如何登上当今世界第一大经济体的宝座,均有着举足轻重的作用。从某种意义上说,因为有了债券市场,政府和企业要用自己的信用赢得民众即投资者的信任,而后者就天然构成了对前者的监督,债券就成为政府和市场之间、企业和民众之间最强有力的契约,就变成推动经济增长的动力。故而债券和债券市场构成了市场经济,甚至是民主与法制的基石。正因为债券市场在当代金融市场中的地位和规模远高于股票市场和其他金融市场,研究债券,研究固定收益证券,对加速推进中国金融市场的改革和金融自由化,促进中国经济结构的转型升级,均有着十分重要的现实意义。

本书的编写特点是紧跟学科发展前沿,紧扣市场运行实际,追求科学性、前沿性、实战性、新颖性。基于此,本书在每一章节前后均设置了学习目标、引导案例、扩展案例、关键词和配备答案的测试卷,并提供了教学 PPT,以方便教师授课和学生的自我学习。本书适合金融、财会、经济学等相关专业的高年级和研究生及业界专业人士学习研究。

本书由对外经济贸易大学国际经贸学院金融系刘园教授担任主编。陶煜、王健、彭翱、彭翼担任副主编，郑忱阳、王东超、王亦豪、万竞（第一章第二节、第二章第一节）、王硕、高瑜、刘馨爽（第三章第二节、测试题）、曹梅、廉欣媛、赵尹铭（第六章第二节、拓展阅读）参与了本书的编写工作。

由于编者能力水平所限和时间仓促，尽管竭尽全力，但编写谬误在所难免，恳请广大读者不吝赐教！

刘　园

2017 年 1 月冬于北京

固定收益证券

目 录

第一章　导　论 …………………………………………………… 1
　第一节　固定收益证券概述 …………………………………… 3
　第二节　债券投资风险 ………………………………………… 6
　第三节　固定收益证券基本类型 ……………………………… 10
　扩展阅读 ………………………………………………………… 16
　本章测试 ………………………………………………………… 18
　参考答案 ………………………………………………………… 19

第二章　债券定价及收益 ………………………………………… 20
　第一节　债券定价方法 ………………………………………… 22
　第二节　债券到期收益分析 …………………………………… 29
　第三节　债券价格波动特征 …………………………………… 33
　第四节　收益曲线拟合的方法 ………………………………… 40
　扩展阅读 ………………………………………………………… 44
　本章测试 ………………………………………………………… 47
　参考答案 ………………………………………………………… 48

第三章　利率期限结构 …………………………………………… 50
　第一节　利率期限结构概述 …………………………………… 53

　　第二节　传统的利率期限结构理论 ……………… 54
　　第三节　动态的利率期限结构模型 ……………… 57
　　扩展阅读 ……………………………………… 60
　　本章测试 ……………………………………… 62
　　参考答案 ……………………………………… 63

第四章　利率风险管理 ……………………………… 65
　　第一节　利率风险的度量 …………………………… 67
　　第二节　基于久期和凸性的利率风险管理 ………… 73
　　第三节　基于 VaR 和 OAS 的利率风险管理 ……… 84
　　扩展阅读 ……………………………………… 96
　　本章测试 ……………………………………… 99
　　参考答案 ……………………………………… 101

第五章　利率衍生品 ………………………………… 103
　　第一节　利率远期 …………………………………… 105
　　第二节　利率期货 …………………………………… 110
　　第三节　利率互换 …………………………………… 112
　　第四节　利率期权 …………………………………… 117
　　扩展阅读 ……………………………………… 123
　　本章测试 ……………………………………… 126
　　参考答案 ……………………………………… 128

第六章　固定收益证券组合管理 …………………… 129
　　第一节　保守的组合管理策略 ……………………… 132
　　第二节　积极的组合管理策略 ……………………… 145
　　第三节　对冲型组合管理策略 ……………………… 159

第四节　债券投资的基本原则和技巧 …………… 164
　　扩展阅读 ………………………………………… 173
　　本章测试 ………………………………………… 175
　　参考答案 ………………………………………… 176

第七章　固定收益证券市场 ……………………………… 177
　　第一节　固定收益证券市场的运作机制 ………… 179
　　第二节　固定收益证券市场的分类 ……………… 181
　　第三节　信用风险及信用评级 …………………… 188
　　扩展阅读 ………………………………………… 200
　　本章测试 ………………………………………… 204
　　参考答案 ………………………………………… 204

第八章　固定收益证券产品介绍 ………………………… 205
　　第一节　含权债券 ………………………………… 207
　　第二节　资产支持债券 …………………………… 209
　　第三节　抵押支持债券 …………………………… 212
　　扩展阅读 ………………………………………… 218
　　本章测试 ………………………………………… 221
　　参考答案 ………………………………………… 222

参考书目 …………………………………………………… 223

第一章

导 论

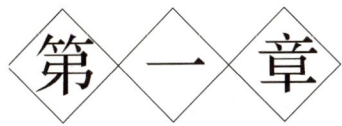 学习目标

1. 理解并掌握债券投资风险——利率风险、信用风险、提前偿还风险、通货膨胀风险、流动性风险及汇率风险等。

2. 理解掌握固定收益证券基本类型。

3. 掌握政府债券、金融债券、企业债券和国际债券的相关知识。

引导案例

万家基金固定收益部投资总监邹昱并非第一个被带走的涉案者，但他掌管的万家添利B在2013年4月15日的异常大跌，成为债市风暴众所周知的导火索。

这是一个规模比A股更大的市场，截至2013年2月底，中国债券市场债券托管量为26.6万亿元，其中银行间债券托管量为25.4万亿元，占比95.3%。

债券市场上，玩家都是机构，没有散户。各类机构，诸如银行、基金、保险、券商、农信社、财务公司等金融或非金融法人机构都在其中。

看上去，债市和散户相隔很远，但实际上利益紧密相连。原因在于，这些机构的资金筹码绝大部分来源于公众，有养老金账户、保险资金账户、企业年金账户、银行的理财产品资金、公募基金募集的资金等。机构只是作为资金的托管方购买债券获益，而发行债券的有国家（例如发行国债）、有地方政府（例如发行城投债）、有企业（例如发行企业债）。

审计署对银行间市场交易主体的调查从2012年就已经开始，事件的起源则可以追溯到2010年财政部国库司国库支付中心副主任张锐的案件。张锐不仅在国债招投标过程中舞弊，帮助商业银行以较低的利率中标国债，其本人也涉嫌债市二级市场的"老鼠仓"，获利以千万计。

这起牵涉核心部门的案件引起了高层的注意。

不可忽略的一个背景是，因为股市难振，作为直接融资的债券市场是金融改革接下来的发展重点，债市扩容在即，但扩容之前先要清理干净。而相关部门调查后发现，类似"老鼠仓"的行为广泛存在。更严重的是，债券市场从一级市场的承销发行到二级市场的交易流通，整个环节都存在制度漏洞和利益输送。

于是，一系列的债市窝案从查万家基金的邹昱开始。

第一章 导论

第一节 固定收益证券概述

一、固定收益证券的含义

固定收益证券(Fixed Income Securities)是证券的一种。证券是商品经济发展的产物,并随着商品经济的发展而发展。目前,世界各国都在经济领域广泛利用证券形式,新品种不断涌现,固定收益证券也在不断完善与发展。字面上看,固定收益证券可能被理解为"未来可以收到固定收益的一类证券",但实际上,许多未来收益不确定的证券也被划分在固定收益证券之列,很多经典的固定收益证券教科书中也没有给出严格的定义,因此,固定收益证券是一个笼统、宽泛而又不太严格的范畴。债券、优先股在一定期限内将产生固定的货币流量,无可厚非属于固定收益证券的范畴,此外,商业票据、银行承兑票据、回购协议、大额可转让定期存单以及抵押贷款担保证券等未来现金流的数额与日期都不固定的证券也被称为固定收益证券。

一般而言,固定收益证券是指证券投资者拥有未来获得一系列确定数额货币流入要求权的债券。固定收益证券的发行者未来支付的货币数量要符合一定的合约规定。同时,债券发行人在债券期限内要按照预先约定向债券持有人支付利息并到期支付本金。并且,固定收益证券未来所要支付的货币流量不要求一定是固定不变的。尽管固定收益证券发行人未来要向持有人支付一定的货币流量,但货币流量的数额可以变化,需在证券发行前与证券购买者约定好,最典型的就是浮动利率债券。本书所指的固定收益证券主要指债券。

二、债券的含义与要素

(一)债券的含义

债券的本质是债的证明书,具有法律效力。债券是一种金融契约,是政府、金融机构、工商企业等直接向社会借债筹措资金时,向投资者发行,同时承诺按一定利率支付利息并按约定条件偿还本金的债权债务凭证。它反映的是债券购买者或投资者与发行者之间的债权债务关系。

(二)债券的要素

债券要素一般包括:债券发行人、债券承购人、债券所有人、债券名称、债券票面价值、债券票面利率、债券偿还期限、债券价格、债券发行量、债券发行日期、债券发行费用、债券凭证等。其中,债券的基本要素有四个:债券的票面价值、债券发行价格、偿还期限和票面利率。挂牌交易债券展示的基本内容如表1-1所示。

表1-1 挂牌交易债券展示的基本内容

挂牌代码	010107
挂牌名称	21国债(7)
国债全称	2001年记账式(七期)国债
实际发行量	239.6
发行价格	100
发行方式	记账式
期限	20
到期日	2021-07-31
票面利率	4.26
国债付息方式	按半年计息
计息日期	2001-07-31
上市日期	2001-08-20

1. 债券票面价值

票面价值(Par Value)简称面值,是指债券发行时所设定的债券票面金额,同时也是债券发行者在到期日承诺支付给债券持有者的金额。面值由两个基本要件构成:一是货币单位,即以何种货币作为债券价值的计价标准;二是货币数量,如我国多用人民币"元"。为了便于债券统一标准化发行,在金融市场上债券面值一般都是一个固定值。目前,我国发行的债券一般每张面值为100元人民币,美国债券面值一般为1 000美元。

2. 债券发行价格

债券价格包括发行价格(Issue Price)和买卖价格(Bond Price)。债券第一次在公开市场发行时的出售价格就是债券发行价格。已公开出售的债券可以在投资者之间买卖、转让,债券持有者可以在债券到期日前以当前价格将债券出售出去。在债券市场上,债券发行价格会受到债券面值、票面利率、偿还期限以及适当贴现率等多种因素的影响,发行价格不一定与票面价值一致,可以低于其面值,也可高于其面值。根据债券价格与其面值的关系,可以将债券发行划分为以下三种类型:平价发行、溢价发行、折价发行。

平价发行时,发行价格等于债券面值;溢价发行时,发行价格大于债券面值;折价发行时,发行价格小于债券面值。

3. 债券息票利率

息票利率(Coupon Rate)是指债券每年支付的利息与债券面值的比例,是债券发行者每年支付的利率,通常用年利率表示。债券息票利率是计算债券利息的尺度,投资者获得的利息就等于债券面值乘以息票利率。例如,某种债券的面值为100元,息票利率为5%,投资者每年可获得5元的利息。

在美国,债券通常是每半年付息一次,抵押债券与资产支持证券每月付息一次。在中国,债券通常是每年付息一次。2001年,我国首次发行了半年付息一次的债券。

除了直接影响投资者对债券现金流的预期外,息票利率也会影响债券价格对市场利率变动的敏感性。在其他条件一致的情况下,息票利率越高,市场利率变动导致债券价格相应变动的幅度越小。

按支付方式的不同,债券可分为零息债券和附息债券。零息债券是指在持有期内不付息的债券,它是通过折价发行、到期返还的方式,将面值和发行价之间的差额作为利息支付给投资者。对于一些期限较长、利率较高的零息债券,其折扣幅度可能会非常高,可达到80%~90%。付息债券是指债券票面上附有息票的债券。在支付利息的期限内,附息债券持票人从债券上剪下息票并以此领取当期利息,在债券到期后获得本金。

根据债券的息票利率是否固定,还可以将债券划分为固定利率债券和浮动利率债券。固定利率债券是在偿还期内息票利率保持固定不变的债券。浮动利率债

券指息票利率定期以约定的基准利率进行调整的债券,利率调整常见公式为:

$$息票利率 = 基准利率 + 利差$$

浮动利率债券的息票利率随着基准利率的升降而同方向升降,基准利率绝大多数是一些重要的金融市场利率,通常为伦敦银行间同业拆借利率(LIBOR)及美国1年期国债利率。利差是债券发行人承诺支付的、高于基准利率的风险溢价部分,与债券发行人的信用密切相关。如某一债券的息票利率被规定为3个月LIBOR+30个基点,每半年调整一次,如果到利率调整时,3个月LIBOR为5%,则新的息票利率为5%+0.3%=5.3%。

4. 债券偿还日期

债券偿还日期(Payment Date)简称为期限,也称到期日(Maturity),是指债券终止或者退出的日期,到期债券的发行者要偿还所有的本息。根据距到期日的时间长短,债券可以分为短期债券(1~5年)、中期债券(5~12年)、长期债券(12年以上)。

债券的期限之所以重要,主要原因有以下三点:

(1)债券的期限决定了债券投资者能获得利息的年数以及在获得最终的债券面值之前所经历的时间长度,这是决定债券价格的重要因素。

(2)债券的期限决定了债券收益率的高低。债券收益率与期限之间的关系被称为收益率曲线。

(3)债券价格会一直随着市场利率的变动而变动,其波动幅度受期限的影响。在其他条件一致的情况下,债券的期限越长,债券价格受市场利率影响而变动的幅度越大。

第二节 债券投资风险

在债券投资中,收益与风险是紧密联系在一起的。一般而言,投资者面临的风险越大,潜在收益也越大。债券收益来源于三个方面:①利息收入;②到期资本利得;③利息再投资收入。相似地,债券投资者可能遭遇以下一种或多种风险:①利率风险;②信用风险;③提前偿还风险;④通货膨胀风险;⑤流动性风险;⑥汇率风险。此外,还有波动性风险、收益率曲线风险、事件风险、税收风险及主权风险等。其中,利率风险是债券投资者面临的最主要风险,市场利率的变动几乎对所有债券的投资收益产生影响。

一、利率风险

利率风险(Interest Risk)又称市场风险(Market Risk),是债券投资者面临的最主要风险,是指因市场利率变化造成债券收益发生变化,进而给投资者造成损失的风险。债券价格通常与利率呈反向变化,即利率升高,债券价格下降;利率下降,债券价格上升。债券价格对市场利率越敏感,则利率变化引起的债券价格波动就越大,从而债券投资者面临的利率风险就越大。在实际经济运行中,利率变化经常发生,如表1-2所示。

表1-2 2007~2015年我国商业银行1年期储蓄定期存款利率变化

调整时间	利率	调整时间	利率
2007年5月19日	3.06%	2011年2月9日	3.00%
2007年7月21日	3.33%	2011年4月6日	3.25%
2007年8月22日	3.60%	2011年7月7日	3.50%
2007年9月15日	3.87%	2012年6月8日	3.25%
2007年12月21日	4.14	2012年7月6日	3.00%
2008年10月9日	3.87%	2014年11月22日	2.75%
2008年10月30日	3.60%	2015年3月1日	2.50%
2008年11月27日	2.52%	2015年5月11日	2.25%
2008年12月23日	2.25%	2015年6月28日	2.00%
2010年10月20日	2.50%	2015年8月26日	1.75%
2010年12月26日	2.75%	2015年10月24日	1.50%

市场利率变动对债券投资者带来两种风险:价格风险与再投资风险。

（一）价格风险

价格风险（Price Risk）指由于市场利率变动导致债券价格波动的风险。债券价格通常与利率呈反向变化，即利率升高，债券价格下降；利率下降，债券价格上升。当投资者计划在债券到期日前出售债券，若市场利率上升，债券出售价格将低于购买价格，投资者将遭受损失；若市场利率下降，债券出售价格将高于购买价格，投资者将获得资本利得。但是，当投资者打算将债券持有至到期再出售时，其投资收益就不会受到利率波动的影响，也就不存在价格风险。

此外，与固定利率债券相比，浮动利率债券的息票利率是随着市场利率变化而变化的，因此面临的利率风险相对较小。

（二）再投资风险

再投资风险（Reinvestment Risk）指持有附息债券的投资者将收到的利息以市场利率进行再投资时，因市场利率的变化导致利息再投资收入发生波动的风险。利息再投资收入的多少主要取决于再投资时的市场利率水平，若利率下降，利息只能以更低的收益率水平进行再投资。例如，投资者持有一个票面利率为10%的债券，投资者将收到的利息用于再投资，但此时市场利率只有7%，投资者的利息再投资收益率低于原来10%的收益率，这部分损失反映为再投资风险。零息债券无再投资风险。

债券的持有期限越长，再投资风险越大；其他条件相同的情况下，债券息票利率越高，再投资风险也越大，因为未来市场利率低于票面利率的可能性越大。

由于利率波动而引发的债券价格效应和再投资效应变动方向相反。当市场利率上升时，债券价格下降，再投资收入上升，投资者面临更大的价格风险；当市场利率下降时，再投资收入下降，债券价格上升，投资者面临更大的再投资风险。因此，在选择债券投资策略时，可以充分利用价格效应与再投资效应的相互抵消来规避债券投资风险。

二、信用风险

信用风险（Credit Risk）又称违约风险（Default Risk），指债券发行人在债券到期时无法履行偿还本金及利息义务的风险。按照发行主体分类，债券可分为政府债券、金融债券和公司债券。发行主体不同的债券，其信用风险不同。

政府债券是政府作为债务人发行的债券。政府具有征税和发行货币的权利,以政府信誉作为担保,信用级别最高,发生违约的概率最低。实际上,中央政府债券因为不存在信用风险,往往被视为无风险债券。金融债券是银行等金融机构作为债务人发行的债券。金融机构融资能力相对较强,信用状况相对公司债券较好。公司债券是公司为了融资而作为债务人发行的借款凭证,信用风险依发行人的信用状况而定,信用风险相对较高。在债券市场上,其他条件相同时,债券违约风险越大,债券价格就越低,因为只有在获得高收益补偿时,投资者才愿意投资违约风险大的债券。

"骆驼"信用评级指标体系(CAMEL)是国际上常用公司债券信用分析方法。因资本充足性(Capital Adequacy)、资产质量(Asset Quality)、管理水平(Management)、盈利水平(Earnings)和流动性(Liquidity),五个英文单词的第一个字母组合在一起为"CAMEL",正好与"骆驼"的英文名字相同而得名。

三、提前偿还风险

一些债券赋予发行者提前偿还的选择权,这些债券的持有者面临提前偿还风险(Advance Payment Risk)。

可赎回债券的发行者有权在债券到期前赎回全部或部分债券。在未来某个时间市场利率低于发行债券的票面利率时,债券发行者可以赎回债券,以现行的低利率进行再融资,降低融资成本,提高效益,这种选择权对发行者是有利的。

从投资者的角度看,主要面临三个方面的风险:

第一,可赎回债券未来现金流量的不确定性。

第二,投资者面临再投资风险。当利率下降时,投资者只能以较低的利率进行再投资。

第三,减少了债券的资本利得的潜力。利率与债券价格成反比关系。当利率下降,债券价格上升,但因债券发行人的提前赎回,使得投资者所能获得的债券价格就不可能大幅度超过发行者所支付的价格。

四、通货膨胀风险

通货膨胀风险(Inflation Risk)又称购买力风险(Purchasing Power Risk)。通

货膨胀风险是指由于存在通货膨胀,使得债券名义收益不足以抵消通货膨胀对实际购买力造成的损失。投资者更关心的是实际购买力而非名义购买力。例如,某投资者购买1年期债券,债券的票面利率是10%,面值为100元,该年度的通货膨胀为20%。实际上,年末总收入110元的实际购买力小于年初100元的实际购买力。

五、流动性风险

流动性是金融资产的一个重要特征。流动性是指一种金融资产迅速转换为交易媒介(货币)而价值不致遭受损失的能力。债券流动性风险(Liquidity Risk)是指一种债券能否迅速地按照当前的市场价格销售出去的不确定性。衡量流动性风险的指标之一是该债券的做市商报出的要价(Ask Price)与出价(Bid Price)之间的价差,价差越大,表明债券的流动性风险越大,反之越小。债券的流动性大小主要取决于该债券二级市场参与者的数量,参与者数量越多,债券的流动性就越强,流动性风险也相对越小。另一方面,债券交易者结构的复杂程度及投资者计划投资期限的长短也会影响流动性风险。

六、汇率风险

若债券以外币计价,则债券支付的利息和偿还的本金取决于当时的汇率。如果未来本国货币贬值,按本国货币计算的债券投资收益将会降低,这就是债券的汇率风险(Exchange Rate Risk),又称货币风险(Currency Risk)。

第三节　固定收益证券基本类型

债券从产生到现在,形式不是单一的,尤其到了现代社会,复杂的经济结构和经济关系更对债券种类的多样化提出了更高的要求。为了更好地认识债券、掌握不同债券的特点,有必要根据不同的标准对债券进行分类。债券分类的标准多种多样,我们首先用表格的形式将债券分类体系显示出来,见表1-3。

表 1-3 债券分类

分类标准	债券类型	分类标准	债券类型
发行主体	政府债券、金融债券和公司债券	计量单位	实物债券和货币债券
信用保证	担保债券和信用债券	偿还期限	定期债券和不定期债券
债权确定	记名债券和无记名债券	有无利息	付息债券和零息债券
发行地域	国内债券和国际债券	利率变化	固定利率债券和浮动利率债券
流通情况	流通债券和非流通债券	利息支付	一次付息债券和分次付息债券

其中,最常见的分类方式是根据发行主体来划分。本节将重点介绍政府债券、金融债券、企业债券和国际债券。

一、政府债券

政府发行债券包括中央政府和地方政府发行的债券。发行主体是政府,是政府财政部门或其他代理机构等为筹集资金、弥补财政收支不平衡,以政府名义发行的债券。

(一)国债

国债(Treasury Bonds)是国家以其信用为基础,由中央政府向投资者出具的、承诺在一定时期支付利息和到期偿还本金的债权债务凭证。国债主要具有以下几个特点:

1. 债务人唯一性

国债的债务人只能是一国的中央政府,任何个人、机构乃至地方政府都无权发行国债。国债的债权人则十分广泛,国债是面向所有投资者发行的,个人、机构、国际组织及外国中央政府均可为债权人。例如,截至2016年10月底,我国政府持有约1.1157万亿美元的美国国债,为美国所发行国债的第二大债权人。

2. 高安全性

国债的发行者是某国的中央政府,政府以其国家信用为依凭对外发行债券,而国家信用的基础是国家的主权和资源。因此,除了遇到极少数极端情况外(如政府更迭),国债几乎没有违约的风险。正因为风险较小,其市场价格相对稳定,致使国债收益率也处于相对稳定状态,在相同期限下,收益较其他类型债券要偏低一些。

3. 高流动性

由于国债信誉高、安全性好，其二级市场交易前景良好。在各类债券中，国债的流通性最强，国债持有者用当时的市场价格将国债转换为现金的过程非常迅速，并且不会有价值损失。

一般而言，国家的财政收入大部分来自于无偿取得的税费，另外一个来源就是国债的发行。通过发行国债，中央政府可以有偿地获得一部分财政收入，从而满足其履行自身职能的需要，而绝非单纯地弥补财政赤字。此外，国家还要为这部分财政收入付出一定的代价——承担还本付息的义务。值得关注的是，大多数国家规定，购买政府债券获得的收益可以享受免税待遇。

（二）地方政府债券

地方政府债券是指有财政收入的地方政府为筹集资金而发行、并以地方政府信用为担保的债券。地方政府债券以地方政府的财政收入作为还本付息的来源，有时是政府委托某家商业银行发行，有时是地方政府以自身的财产和财政收入作为担保，然后委托接受担保的银行发行债券。此类债券又可分为一般责任债券和收入债券两种。

1. 一般责任债券

一般责任债券是由州（省）和各级地方政府或其附属机构发行的债券。通常以本地区的财政收入作为担保。投资者能按时收回本金和利息，是信用等级最高的一种地方债券。

2. 收入债券

收入债券是指为了筹集资金建设某专项具体工程而发行的债券，往往以项目建成后取得的收入作为担保。这种债券的发行是为了给地方某些特定项目或者重点扶持企业进行融资，债券发行者往往以经营收益进行担保并发行债券，并非以地方政府的征税能力作为保证，因此投资者需对相关企业和项目进行风险评估后再进行投资。由于它的风险高于一般责任债券，其收益率也相应地高于一般责任债券。

目前我国法律规定地方政府不能发行债券，因此很多地方的基础设施建设都是由地方政府牵头，由其市政投资公司靠银行借款来完成。未来，若经国家批准后地方政府能同美国部分州政府一样对外发行相应债券，当地银行的收支状况就能得到更好地调节。

二、公司债券

公司债券是公司依照法定程序发行,约定在一定期限内还本付息的有价债券,又称为企业债券。

公司债券是公司为筹措资金而发行的一种债务契约,代表着投资者和债券发行公司的一种债务关系。同股票持有者不同,债券持有人虽是企业债权人,但并非持有者,仅有权力按期收回本息,无权参与并干涉公司经营。公司债券主要以企业本身的经营利润作为还本付息的保证,一旦债券发行公司经营不善,很可能无力还本付息,投资者即面临困境。因其风险较大,其收益率通常也明显高于政府债券和金融债券,但需要交纳相应的个人所得税。

一般而言,公司债券有以下几个特征:

(1)期限结构。公司债券的期限结构十分简单,绝大多数公司债券是定期债券,由发行公司定期支付利息,并在期满时归还本金,同银行的定期存款较为相似。

(2)利率。大多数公司债务采用固定利率的形式,这样公司每年能够清楚地了解在未来一年内公司所担负的利息,更好地控制财务风险。但也有少部分公司采用浮动利率的方式,浮动利率的基准利率往往以一年期定期存款利率作为参考。

(3)利息偿付方式。公司债券的利息偿付方式主要有两种:零息(到期一次还本付息)和附息(按年付息)。近年来发行的债券多为附息债券,即每年一次支付相应利息。

(4)债务契约。长期的公司债券发行时一般都附有相应的契约,实际相当于债券发行公司和投资者间的合同,一般包括以下三点:①详细说明债券性质;②制定本金和利息的偿付方式;③列明对债券发行者的所有限制。一旦违约,相应本金立即到期。

目前,我国发行债券的公司主要是国有特大型企业,如国家电力公司、中国石油化工集团公司等,其发行的公司债券均为AAA级,并且都有相应担保,绝大多数公司均能按期还本付息。

三、金融债券

金融债券特指银行及其分支机构以及非银行金融机构依照法定程序发行并约定在一定期限内还本付息的有价证券。其本质属于公司债券，唯一的区别就在于发行者的特殊性——金融机构。

金融债券能够有效解决银行等金融机构资金来源不足和期限不匹配的问题。在金融机构发行债券时，可通过规定较长期限而筹措到稳定的资金，从而对其资产结构进行优化，有利于进一步扩大其相关业务。鉴于银行等金融机构在本国经济中处于特殊地位，政府对金融债券有较为严格的监管制度。其违约风险相对较低，具有较高的流通性和安全性，故而金融债券的利率通常低于一般的公司债券，但是高于风险更低的国债和银行储蓄存款利率。

现阶段各金融机构所发行的金融债券主要有以下四种：

（一）中央银行票据

中央银行票据是中央银行为调节基础货币而向金融机构发行的票据，是一种重要的货币政策日常操作工具，其期限在3个月到3年不等。

（二）政策性金融债券

目前，我国绝大多数金融债券都是政策性金融债券。政策性金融债券构成了我国金融债券的主体，在规模上仅次于国债。政策性金融债券是由政策性银行（国家开发银行、中国农业发展银行、中国进出口银行）为筹集信贷资金，经国务院批准由中国人民银行用计划派购的方式，在银行间债券市场（如邮政储汇局、国有商业银行、区域性商业银行、城市商业银行、农村信用社等）发行的金融债券。

在我国，政策性金融债券为无纸化记账式债券，由中央国债登记结算有限责任公司负责托管登记，各认购人均在中央国债登记结算有限责任公司开设托管账户，中央国债登记结算有限责任公司接受政策性银行的委托办理还本付息业务。

（三）混合资本债券

混合资本债券是一种混合资本，它比普通股票和债券更加复杂。我国的混合资本债券是指：①商业银行为补充附属资本发行的；②清偿顺序位于股权资本之前、但列在一般债务和次级债务之后；③期限在15年以上；④发行之日起10年内不可赎回的债券。

（四）大额可转让存单

大额可转让定期存单是由银行发行的一种定期存款凭证，凭证上印有一定的票面金额、存入和到期日及利率，可以在市场上流通转让，到期后可按票面金额和规定利率提取全部本息，逾期存款不计息，期限一般为14天到一年不等。大额可转让定期存单可流通转让、自由买卖。

四、国际债券

国际债券是一国政府、金融机构、工商企业或国际组织为筹措和融通资金，在国外金融市场上发行的，以外国货币为计价货币的债券。一般来说，国际债券主要包括两类。

（一）外国债券

外国债券是指某一国借款人在本国以外某个国家发行的以发行市场所在国货币为计价货币的债券。例如，美国政府在日本东京证券交易所发行的以日元计价的债券就是外国债券。

（二）欧洲债券

欧洲债券是指借款人在本国境外市场发行，不以发行市场所在国的货币为计价货币的国际债券，而不是指在欧洲发行的债券。例如，中国政府在英国伦敦证券交易所发行的以美元计价的债券就是欧洲债券。

国际债券的重要特征就是发行者和投资者不属于同一个国家，筹集的资金来源于国外金融市场。美国以外的政府、金融机构、工商企业和国际组织在美国债券市场上发行扬基债券，这是一种较为重要的外国债券。其计价货币是美元为，期限较长，通常为5~7年，一些信誉好的大机构发行的扬基债券期限可达20~25年。因为其发行者主要是外国政府和国际组织，美国政府对其管控较为严格，申请手续较为烦琐，投资者往往以人寿保险公司、储蓄银行等机构为主。

关键词

债券　票面价值　债券发行价格　债券投资风险　固定收益证券

扩展阅读

公募基金固收规模5年狂增4.8万亿元，天弘工银华夏"三足鼎立"[①]

据基金业协会披露的最新公募基金数据，截至2016年7月末，104家公募管理公司管理公募资产合计8.28万亿元，货币、债券基金资产净值合计占比超过全部公募的65%。另据海通证券数据统计，截至2015年末，近5年间全市场固定收益产品规模增长4.8万亿元，全部公募市场规模占比从2011年的20.86%上升到2015年年末的62.83%。

《证券日报》基金新闻部记者发现，公募基金业经过18年的风雨变迁，俨然成为资产管理行业不可忽视的中坚力量，而固定收益作为基金公司开疆扩土的重要战场，始终占据主导地位。尤其值得注意的是，大型基金公司更彰显出固定收益的实力，前十大基金公司固定收益产品规模始终占据全市场固收规模的半壁江山，其中天弘基金、工银瑞信基金、华夏基金排名前三，形成"三足鼎立"。

在成熟市场，青睐低风险的固定收益产品的投资者较多，资产管理公司对该类产品的布局亦较为重视。随着我国公募市场的不断发展，固收产品的优势也不断显现。

在飘忽不定的"牛熊"市场，固定收益类产品回报的"稳健性"被投资者广泛认可。在牛市可作为资产均衡配置的稳定要素，更重要的是，在股市低落时，对熊市产生强大的抗体。历史数据显示，除去股市大跌的2011年，近10年债券基金历年均取得正收益，2011年平均回报仍超越同年上证指数涨幅18.61个百分点。货币基金年度回报则全部为正。

[①] 资料来源：证券日报，2016-08-19，B02版。

数据显示,以固定收益见长的工银瑞信基金近五年固定收益类规模始终排名行业前4位,到2016年上半年末更是以4 080.47亿元的规模位居行业第2名,相比2011年末规模增长近11倍。工银瑞信自2006年旗下首只固定收益类产品——工银货币基金成立以来,目前旗下包括货币基金、债券基金在内固定收益产品共计29只(A、B份额合并),涵盖纯债、一级债基、二级债基、短期理财等不同的品种,从属性来看,还包括定期开放产品、信用债等,为低风险偏好的投资者提供了更加细化的固定收益产品。

据了解,工银瑞信基金旗下固收产品短、中、长期均取得了不俗战绩。资产管理行业逐步向着更加精细化、多元化的资产管理方向转变。工银瑞信在传统长板固定收益领先的同时,近几年实现权益类、非公募业务领域的崛起。

本章测试

单项选择题

1. 按照期限长短,国债一般可以分为( )。
   A. 国库券、国库票据、国库债券　　B. 国库券、国库票据、市政债券
   C. 国库券、市政债券、政府机构债券　D. 国库券、政府机构债券、国库债券

2. 国库票据的期限一般是( )。
   A. 5 年以下　　　　　　　　　　　B. 10 年以下
   C. 1 年以下　　　　　　　　　　　D. 10 年以上

3. 流动性非常强,具有很强的变现能力,交易成本低,风险小的债券是( )。
   A. 公司债券　　　　　　　　　　　B. 企业债券
   C. 国库券　　　　　　　　　　　　D. 政府机构债券

4. 公司债券有很多划分方式,以下不属于按照抵押担保状况划分的是( )。
   A. 可赎回债券　　　　　　　　　　B. 信用债券
   C. 抵押债券　　　　　　　　　　　D. 担保信托债券

5. 我国国债品种丰富,按可流通性分类,可分为( )。
   A. 固定利率国债、浮动利率国债　　B. 零息国债、附息国债
   C. 现金国债、非现金国债　　　　　D. 可转让国债、不可转让国债

6. 国债的基本要素一般不包括( )。
   A. 面值　　　　　　　　　　　　　B. 利息
   C. 息票率　　　　　　　　　　　　D. 到期日

7. 债券投资面临的风险一般不包括( )。
   A. 心理风险　　　　　　　　　　　B. 利率风险
   C. 信用风险　　　　　　　　　　　D. 赎回风险

8. 固定收益产品所面临的最大风险是( )。
   A. 信用风险　　　　　　　　　　　B. 利率风险

C. 收益曲线风险　　　　　　　　D. 流动性风险

9. 目前我国最安全和最具流动性的投资品种是(　　)。

A. 金融债　　　　　　　　　　　B. 国债

C. 企业债　　　　　　　　　　　D. 公司债

10. 下列关于风险的说法不正确的是(　　)。

A. 风险是对事物发展未来状态的看法

B. 风险产生的根源在于事物发展未来状态所具有的不确定性

C. 风险和不确定性与经济主体对相关信息的掌握无关

D. 风险使得事物发展的未来状态必然包含不利状态的成分

参考答案

单项选择题

1. A　　2. B　　3. C　　4. A　　5. D　　6. B　　7. A　　8. B　　9. B

10. C

第二章

债券定价及收益

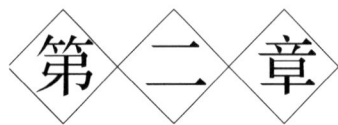

学习目标

1. 理解货币的时间价值,掌握现值、终值、单利、复利的计算。
2. 掌握一次性付息和分次付息的债券定价。
3. 理解债券投资收益的构成及影响因素。
4. 掌握到期收益率、即期利率、远期利率及其计算。
5. 理解利率与债券价格的关系以及债券价格波动特征。

引导案例

2010年10月20日,中国人民银行上调了金融机构人民币存贷款基准利率,存款利率平均上调13.78%,贷款利率平均上调4.04%。我国银行间债券市场受中国人民银行调整利率的影响,收益率水平变化较大:一方面,固定利率品种曲线全线大幅上行;另一方面,浮动利率债券收益率全面下行。表2-1是银行间债券市场固定利率国债收益率曲线若干关键期限点在调整前后的比较。

表2-1 银行间债券市场固定利率国债收益率曲线若干关键期限点比较

期限(年)	2010年10月15日	2010年10月22日	变动(bp)
0.5	1.8929	1.9157	2.28
1	1.9337	2.0504	11.67
2	2.1616	2.3806	21.90
3	2.3444	2.6277	28.33
5	2.7686	3.0728	30.42
10	3.4247	3.6358	21.11
20	3.9108	4.0045	9.37
30	3.9977	4.0934	9.57
50	4.0812	4.1817	10.05

请根据上述资料,利用债券定价和债券投资的原理并结合我国实际,分析债券收益率的变动情况。

第一节 债券定价方法

一、货币时间价值

要了解债券定价,就先要了解货币的时间价值(Time Value of Money)。货币时间价值是财务分析的一个基础概念,它在固定收益证券定价中具有广泛的应用。货币时间价值是指按照一定的利率水平,货币经历一定时间的投资与再投资所增加的价值。货币的时间价值说明,在不同时间点上的货币具有不同的价值。

衡量货币时间大小的指标是利率,即单位时间单位货币所得的利息,或者说是单位时间货币的增加值的大小。已知利率,可以将不同时间点上的货币转化为同一时间点上的货币价值,计算其现值和终值,再进行比较分析。

(一)终值的计算

终值(Future Value)是指一定量的资金在未来某一时间点上的价值,计算分为单利和复利两种形式。

1. 单利终值计算

单利方法(Simple Interest)是指前期得到的利息不在投资期内作为本金继续计算利息。在计算贷款时间价值时,按照单利方法计算利息的终值称为单利终值,具体计算如公式2-1所示。

$$FV = P(1 + nr) \qquad 式(2-1)$$

其中:FV 为终值;

P 为现在时刻拥有货币额;

n 为期数;

r 为周期利率(年利率)。

2. 复利终值计算

复利方法(Compound Interest),是指前期得到的利息在投资期内作为本金继续计算利息,俗称"利滚利"。在计算贷款时间价值时,按照复利方法计算利息的终值称为复利终值,具体计算如公式 2-2 所示。

$$FV = P(1+r)^n \qquad 式(2-2)$$

其中:FV 为终值;

P 为现在时刻拥有的货币额;

n 为期数;

r 为周期利率(年利率)。

(二)现值的计算

现值(Present Value)通常指未来的现金流折算到现在某基准时刻的价值。

1. 单利现值计算

这是指按照单利方式计算未来现金流的现在价值。通过对未来现金流逆向处理得到,如公式 2-3 所示。

$$PV = \frac{F}{1+nr} \qquad 式(2-3)$$

其中:PV 为现值;

F 为将来时刻拥有货币额;

n 为期数;

r 为周期利率(年利率)。

需要指出的是,单利现值只是单利终值相对的名称,实际中很少采用这样计算方法,尤其在期限超过一年情况下基本不采用该式。

2. 复利现值计算

这是指按照复利方式计算未来现金流的现在价值,如公式 2-4 所示。

$$PV = \frac{F}{(1+r)^n} \qquad 式(2-4)$$

其中:PV 为现值;

F 为将来时刻拥有货币额;

n 为期数;

r 为周期利率(年利率)。

(三)年金的终值与现值

年金(Annuity)指在相同的间隔时间内陆续收到或付出相同金额的款项。例如分期付款买房、分期偿还贷款、发放养老金、附息债券的利息现金流等等额款项。

年金按照收支的时点划分,可以分为以下两类:①普通年金,指在各期期末收入或付出的年金;②预付年金,指在各期期初收入或付出的年金。

1. 普通年金复利终值

在普通年金的情况下,每期期末获得等额后,再进行投资,可以参照复利终值的计算方法推算出普通年金复利终值。参考图2-1,计算公式如式2-5所示。

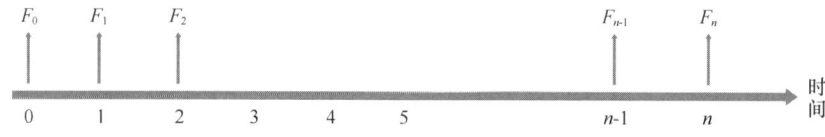

图2-1 普通年金复利终值

$$F_0 = 0$$
$$F_1 = A(1+r)^{n-1}$$
$$F_2 = A(1+r)^{n-2}$$
$$\cdots\cdots$$
$$F_{n-1} = A(1+r)$$
$$F_n = A$$

$$FV = F_0 + F_1 + F_2 + \cdots + F_{n-1} + F_n = \frac{A}{r}[(1+r)^n - 1] \qquad 式(2-5)$$

其中:FV 为各期等额现金流量终值之和;

A 为等额的现金;

r 为年利率;

n 为复利期数。

2. 预付年金复利终值

预付年金的各期收付款项在每期期初,要进行再投资,参照复利方法计算如下。参考图2-2,计算公式如式2-6所示。

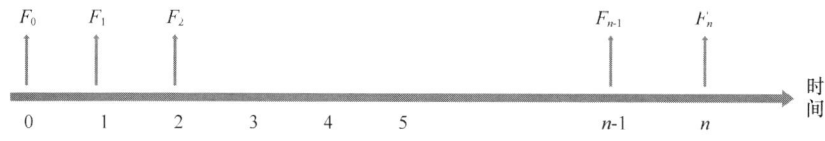

图2-2 预付年金复利终值

$F_0 = A(1+r)^n$

$F_1 = A(1+r)^{n-1}$

$F_2 = A(1+r)^{n-2}$

……

$F_{n-1} = A(1+r)$

$F_n = 0$

$FV = F_0 + F_1 + F_2 + \cdots + F_{n-1} + F_n = \dfrac{A}{r}(1+r)[(1+r)^n - 1]$ 式(2-6)

其中:FV 为各期等额现金流量终值之和;

A 为等额的现金;

r 为年利率;

n 为复利期数。

3. 普通年金复利现值

普通年金每年期末获得等额款项,按照复利计算方法计算。参考图 2-3,具体计算公式如式 2-7 所示。

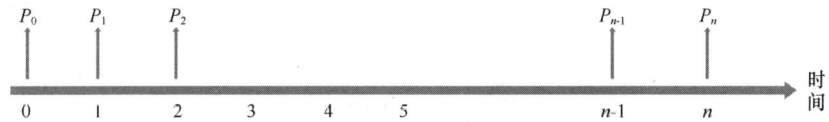

图 2-3 普通年金复利现值

$P_0 = 0$

$P_1 = A(1+r)^{-1}$

$P_2 = A(1+r)^{-2}$

……

$P_{n-1} = A(1+r)^{-n+1}$

$P_n = A(1+r)^{-n}$

$PV = P_0 + P_1 + P_2 + \cdots + P_{n-1} + P_n = \dfrac{A}{r}[1 - (1+r)^{-n}]$ 式(2-7)

其中:PV 为各期等额现金流量现值之和;

A 为等额的现金;

r 为年利率；

n 为复利期数。

4. 预付年金复利现值

预付年金每期期初获得等额款项,按照复利计算方法计算。参考图 2-4,具体计算公式如式 2-8 所示。

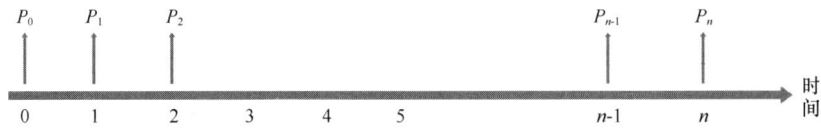

图 2-4 预付年金复利现值

$P_0 = A$

$P_1 = A(1+r)^{-1}$

$P_2 = A(1+r)^{-2}$

……

$P_{n-1} = A(1+r)^{-n+1}$

$P_n = 0$

$$PV = P_0 + P_1 + P_2 + \cdots + P_{n-1} + P_n = \frac{A}{r}\frac{[(1+r)^n - 1]}{(1+r)^{n-1}} \qquad 式(2-8)$$

其中:PV 为各期等额现金流量现值之和；

A 为等额的现金；

r 为年利率；

n 为复利期数。

5. 永续年金现值

永续年金是无限期定额支付的年金,属于普通年金,它没有终止时间,故而没有终值,其现值计算可以由普通年金现值计算推导出来。

普通年金现值计算公式为:

$$PV = \frac{A}{r}[1 - (1+r)^{-n}]$$

当 n 趋向于无穷大时,对上式进行求极限,可得出永续年金计算公式如式 2-9 所示。

$$PV = \frac{A}{r} \qquad 式(2-9)$$

二、债券定价

债券定价的基本思路是将债券未来的现金流量折算成现值,对于债券定价而言,最重要的两个数据就是各期现金流(Cash Flow)和折现率(Discount Rate)。

对于一张不附带任何选择权利的债券,其现金流量主要由各期利息收入和到期日面值收入组成。根据不同的利息支付方式(如零息或附息等),来最终确定债券未来的现金流量。

投资者进行债券投资时所要求的折现率就是必要的到期收益率。必要收益率通常由市场上具有同样信用等级、相同到期日的债券收益率来确定。必要收益率的高低同信用等级负相关、同其风险性正相关,最低收益率往往以国债作为参考标准。

(一)债券的一般定价公式

根据债券预期的现金流,制定好相关的必要收益率,即可计算债券的价格。债券的价格等于债券未来所有现金流量的现值之和,如公式2-10所示。

$$P = \sum_{t=1}^{n} \frac{C_t}{(1+r_t)^t} \qquad 式(2-10)$$

其中:P 为债券价格;

C_t 为每期现金流;

r_t 为每期现金折现的必要收益率;

n 为债券期数。

(二)一次付息债券定价

一次付息债券包括贴现债券、零息债券和一次还本付息债券,共同特征是未来只有一笔现金流。

1. 贴现债券定价

贴现债券在票面不规定利率,发行价低于票面价,到期后按票面金额偿还本金。贴现债券的期限往往低于1年,其定价公式见式2-11所示。

$$P = \frac{M}{(1+r)^n} \qquad 式(2-11)$$

其中：P 为债券价格；

M 为票面金额（债券面额）；

r 为年折现率；

n 为债券距到期日的期限（计算时需以年为单位进行）。

2. 零息债券定价

零息债券在债券存续期内不支付利息，债券到期时按面值一次性偿付，期限通常大于1年，定价公式仍为式2–11。

3. 一次还本付息债券定价

一次还本付息债券的所有利息在债券到期偿还本金时一并交付，其利息计算按照单利方法。其现金流特征同零息债券相同，但是由于要计算利息，可按公式2–12进行计算。

$$P = \frac{M + Mni}{(1+r)^n} \qquad 式(2-12)$$

其中：P 为债券价格；

M 为票面金额（债券面额）；

r 为年折现率；

n 为债券距到期日的期限（以年为单位）；

i 为债券票面利率。

（三）分次付息债券定价

分次付息债券主要是附息债券，会每半年或一年支付给投资者一定的利息。同一次付息债券比较，其未来现金流将有多次，而非一次，因此分次付息债券的定价需在公式2–11的基础上考虑多股利息现金流，从而得到公式2–13。

$$P = \sum_{t=1}^{n} \frac{C}{(1+r)^t} + \frac{M}{(1+r)^n} \qquad 式(2-13)$$

其中：P 为债券价格；

C 为票面利息；

M 为票面金额（债券面额）；

r 为年折现率；

n 为债券距到期日的期限（以年为单位）。

1. 一年付息多次债券的定价

若债券一年付息次数为 m，则可将定价公式 2-13 修正为公式 2-14。

$$P = \sum_{t=1}^{m\times n} \frac{C/m}{(1+r/m)^t} + \frac{M}{(1+r/m)^{m\times n}} \qquad 式(2-14)$$

2. 年折现率可变债券定价

若债券具有可变的年折现率，则可将定价公式 2-13 修正为公式 2-15。

$$P = \sum_{t=1}^{n} \frac{C}{(1+r_t)^t} + \frac{M}{(1+r_n)^n} \qquad 式(2-15)$$

其中：r_t 为每次现金流的年折现率。

（四）特殊形式债券定价

1. 等额摊还债券的定价

等额摊还债券与固定利率附息债券不同，它的本息和在期内是平均偿还的。假设一张等额摊还债券的剩余偿还次数为 n，每年偿还本息和的金额是 A，市场年折现率为 r，则定价公式见式 2-16 所示。

$$P = \sum_{t=1}^{n} \frac{A}{(1+r)^t} \qquad 式(2-16)$$

2. 永久债券的定价

永久债券是一种不规定本金返还期限，可以无限地按期取得利息的债券。假设一张永久债券每年支付的利息额为 A，市场年折现率为 r，其价格由公式 2-17 决定。

$$P = \sum_{t=1}^{\infty} \frac{A}{(1+r)^t} = \frac{A}{r} \qquad 式(2-17)$$

第二节　债券到期收益分析

一、债券投资收益的构成及影响因素

（一）债券投资收益的组成

1. 债券利息

债券的利息是指债券发行人通过债券融资而向债券持有人定期支付的报酬。

其支付方式主要有三种:

(1)息票方式:通过裁剪息票的方式定期从债券发行人处获得利息。

(2)本息合一方式:债券到期后一次性偿还本金并同时支付利息。

(3)折扣利息:通过以低于债券面额的价格发行债券,到期后按债券面额进行支付。其中折扣额即为债券持有人的利息,此法也称做贴现付息法。

2. 债券买卖价格差

债券买卖价格差是指投资者在债券市场上以低价购进债券后再以高价卖出债券所获得的收益。债券买卖价格差不同于债券利息,价格差来源于债券市场其他投资者,而并非债券发行人。同时,买卖价格差不一定为正值,债券市场存在相应的风险,有的投资者也可能遇到高价买入、低价卖出的情况,其收益可能为负值,此时债券发行人无义务对该投资人负责。

(二)债券投资收益的影响因素

由于债券投资收益主要由债券利息和债券买卖价格差两部分组成,影响债券利息的主要是票面利率,影响债券买卖价格差的因素则是市场价格。

1. 票面利息

债券票面利率越大,债券利息收入相应越高,债券收益也就会很高。影响债券票面利率的因素主要有债券发行时市场的利率、债券的期限、债券发行人的信用等级等。例如,A 时间点市场的利率高于 B 时间点,相应的在 A 时间点发行的债券的票面利率自然也应当高于 B 时间点。

2. 市场价格

债券市场价格的高低会影响投资者获利的多少。前面提到,债券买卖价格差的定义为:

$$债券买卖价格差 = 债券卖出价 - 债券买入价$$

因此当两者差额为正且越大,收益也就越大。然而投资者若买卖债券时机不当,也会出现收益减少甚至出现负收益的情况。

3. 其他因素

实际经济中还存在许多因素影响债券投资收益,例如债券的投资成本、市场的供求关系、宏观的经济政策等,在考虑债券投资收益时也应将上述因素考虑在内。

二、到期收益率及其计算

(一) 到期收益率的定义

到期收益率是指投资者购买债券后一直持有至到期日为止所能获得的年报酬率,也就是俗称的"收益率"。

(二) 到期收益率的计算

"收益率"是一种折现率,它能使通过投资债券所获得的现金流的现值等于初始投资的市场价格。到期收益率的计算公式如式 2-18 所示。

$$P = \sum_{i=1}^{N} \frac{C}{(1+YTM)^i} + \frac{F}{(1+YTM)^N} \qquad 式(2-18)$$

其中:P 为债券买入的市场价格;

C 为利息;

F 为债券面值;

N 为付息次数;

YTM 为每年到期的收益率。

1. 实际年收益率

实际年收益率是考虑各种复利的情况下债券 1 年期限内的收益率,常用来转换利息按非整年支付的债券的收益率,换算方法如公式 2-19 所示。

$$实际年收益率 = (1+期间利率)^m - 1 \qquad 式(2-19)$$

其中:m 为年支付频率。

2. 零息债券的到期收益率

零息债券是指以贴现方式发行,不附息票,而于到期日时按面值一次性支付本利的债券。零息债券到期收益率公式如式 2-20 所示。

$$P = \frac{F}{(1+YTM)^N} \Rightarrow YTM = \left(\frac{F}{P}\right)^{\frac{1}{N}} - 1 \qquad 式(2-20)$$

其中:P 为零息债券的市场价格;

F 为票面价格;

N 为距到期日的年数;

YTM 为每年到期收益率。

3. 一次性还本付息债券的到期收益率

一次性还本付息的债券是指发行者平时不支付利息,只在债券到期时一次性清偿本息。其到期收益率公式如式 2-21 所示。

$$YTM = \left(\frac{F}{P}\right)^{\frac{1}{N}} - 1 \qquad 式(2-21)$$

其中:P 为一次性还本付息债券的市场价格;

F 为票面价格;

N 为距到期日的年数;

YTM 为每年到期收益率。

三、即期利率及其计算

(一)即期利率的定义

即期利率(Spot Rate)是某一给定时间点上零息债券的到期收益率。

(二)即期利率的计算

对于零息债券,即期利率的计算公式如式 2-22 所示。

$$P_t = \frac{F_t}{(1+S_t)^t} \qquad 式(2-22)$$

其中:P_t 为 t 年期零息债券的市场价格;

F_t 为债券的票面价格;

S_t 为债券的即期利率。

付息债券的即期利率公式如式(2-23)所示。

$$P_n = \sum_{i=1}^{n-1} \frac{C}{(1+S_i)^i} + \frac{C+F}{(1+S_n)^n} \qquad 式(2-23)$$

其中:P_n 为到期时间为 n 的债券的市场价格;

C 为债券每期派发利息;

S_t 为理论即期利率;

F 为债券票面价格。

四、远期利率及其计算

(一)远期利率的定义

远期利率(Future Rate)是从未来某一时间点到另一时间点的利率,可由即期利率推导出来。

(二)远期利率的计算

远期利率计算公式如式 2-24 所示。

$$f_{t-1,t} = \frac{(1+S_t)^t}{(1+S_{t-1})^{t-1}} - 1 \qquad 式(2-24)$$

其中:$f_{t-1,t}$ 代表第 $t-1$ 年至第 t 年的远期利率;

S_t 代表 t 年期即期利率;

S_{t-1} 代表 $t-1$ 年期即期利率。

第三节 债券价格波动特征

本书在第一章详细介绍了投资债券面临的各种风险,其中利率风险是投资债券过程中最主要的风险,特别是利率变化导致债券价格变动的风险。根据债券价格与收益率之间存在反向变动关系,当市场利率上升,债券价格就下降;反之,当市场利率下降,债券价格就上升。然而在投资证券时,不仅需要知道债券价格是上升还是下降,还需要进一步了解债券价格对利率的敏感性,即债券价格根据利率变化上升和下降的幅度。债券价格对利率的敏感性称为价格的波动性。

一、利率与债券价格的关系

根据债券的定价公式,固定收益证券的价格等于预期现金流的折现值,债券的价格与收益率呈反向变化,我们通过例子来进一步说明。

【例1】一种固定收益证券的面值为 1 000 元,期限为 5 年,票面利率为 4%,每年付息一次,市场收益率从 1% 变化到 10%,计算出在不同市场收益率情况下该债券的价格,如表 2-2 所示。

从数据中可以看出,债券价格与收益率之间的变化是反向的:市场收益率上升,债券价格就下降;市场收益率下降,债券价格就上升。比如收益率从 5% 上升到 6%,债券价格从 95.67 元下降到 91.58 元。而且还发现市场收益率与价格并不是线性关系,而是一种非线性关系,一般称这种非线性关系为凸性。

表 2-2 不同市场收益率下的债券价格

市场收益率(%)	债券价格(元)	市场收益率(%)	债券价格(元)
1	114.56	6	91.58
2	109.43	7	87.70
3	104.58	8	84.03
4	100.00	9	80.55
5	95.67	10	77.26

二者的关系可以表现为图 2-5 的一般形式,这里的债券指不含期权债券。

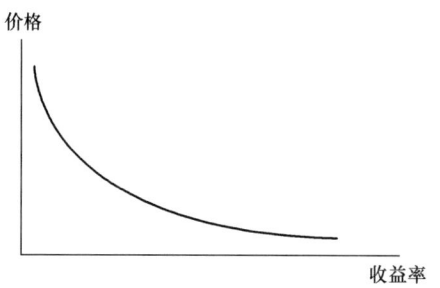

图 2-5 债券价格与市场收益率关系

为了更好地了解固定收益证券价格波动的特点,这里引入影响价格的利率敏感性的三个重要因素:票面利率、到期时间以及初始收益率,通过数据来看它们与价格的利率敏感性之间呈现的规律,如表 2-3 所示。

表 2-3 债券每 1 000 元面值价格变动数值及百分比

到期收益率	价格(元)	价格变化(元)
2.00%	1 359.30	26.82
2.25%	1 332.48	76.57
3.00%	1 255.91	24.29
3.25%	1 231.62	69.40

续表

到期收益率	价格(元)	价格变化(元)
4.00%	1 162.22	22.03
4.25%	1 140.19	62.97
5.00%	1 077.22	20.00
5.25%	1 057.22	57.22
6.00%	1 000.00	18.18
6.25%	981.82	

从表 2-3 可以看出,债券的价格波动有以下特征:

(1)在收益率变化相同时,不同债券价格波动性是不相同的。

(2)在收益率变动很小的情况下,债券价格的波动性是对称的,即当收益率增大和减小相同的幅度时,债券价格的波动绝对值也是相同的。

(3)在收益率变动较大的情况下,债券价格的波动性是非对称的。例如,20 年期票面利率为 7% 的债券在收益率增加 50 个基点的时候,价格减少 32.9 元;收益率减少 50 个基点时,价格增加 35.3 元。

(4)在同等变化幅度下,收益率下降时债券价格增加的幅度,要大于收益率上升时债券价格减少的幅度。这是由收益率价格曲线的凸度所决定的。凸度越大,债券价格的增加与债券价格的减少之间的差距就越大。

(5)债券的票面利率越低,波动性越大。即价格的利率敏感性和票面利率呈反向关系。

(6)债券的期限越长,波动性越大,价格的利率敏感性和到期时间呈正向关系。且随着到期时间的增加,利率的敏感性增加,但增加得越来越慢。

(7)债券的到期收益率越小,波动性越大。即价格的利率敏感性和到期收益率呈反向关系,收益率较低时,价格波动性要大于收益率高时的价格波动性。

二、价格利率敏感性的影响因素

影响价格对利率敏感性的因素很多,本书重点介绍其中主要的三个因素:偿还期、票面利率、利率水平。

（一）偿还期

在假定其他因素不变的情况下，偿还期（Payback Period）越长，债券价格对利率的敏感性越大，即利率变动引起的债券价格的变动幅度越大。但随着偿还期的延长，敏感性增大的速度在下降。

例如，15年期、10年期、5年期三个债券相比，市场利率的相同变化，引起15年期债券价格的变化要高于10年期债券价格的变化，10年期债券价格的波动要高于5年期债券价格的变化。但是10年期相对于5年期、15年期相对于10年期而言，前者的价格波动之差要高于后者，其价格利率敏感性的增大速度在下降。

【例2】假设有三种债券，基本情况如表2-4所示。

表2-4 债券价格与偿还期的关系

	债券A	债券B	债券C
年利息（1年1次）（元）	90	90	90
面额	1 000元	1 000元	1 000元
风险	无风险	无风险	无风险
偿还期	5年	10年	15年
到期收益率	9%	10%	11%
价格	1 000元	938.55元	856.18元
新到期收益率	8.1%	9%	9.9%
新的价格	1 035.84元	1 000元	931.15元
价格波动幅度	+3.58%	+6.55%	+8.76%

假定每种债券对应的到期收益率都下降10%，分别达到8.1%、9%、9.9%。债券的新价格变成1 035.84元、1 000元、931.15元，价格波动幅度分别为+3.58%、+6.55%、+8.76%。由此看出，偿还期越长，价格波动幅度越大。

另外，10年期和5年期的债券价格波动率之差为2.97%（6.55%-3.58%），而15年期与10年期债券价格波动率之差则为2.21%（8.76%-6.55%）。所以，期限增加，价格波动率下降。

（二）票面利率

在其他因素不变的情况下，票面利率越低，债券价格与利率之间的敏感性越高。但市场利率同样幅度地上升与下降,引起债券价格波动幅度却是不同的。利率下降引起债券价格上升的幅度要高于同样幅度的利率上升引起债券价格下降的幅度。

例如,票面利率5%的债券与票面利率10%的债券相比,市场利率的相同变化引起票面利率5%的债券价格的变化,要高于票面利率10%的债券价格的变化。

【例3】有 A、B 两种债券,基本情况如表2-5所示。

表2-5 票面利率与债券价格波动

	A 债券	B 债券
年利息(1年1次)	60 元	100 元
面额	1 000 元	1 000 元
风险	无风险	无风险
偿还期	10 年	10 年
到期收益率	12%	12%
价格	660.98 元	886.99 元
票面利率上升1%		
新到期收益率	13%	13%
新的价格	620.16 元	837.21 元
价格波动幅度	-6.18%	-5.61%
票面利率下降1%		
新到期收益率	11%	11%
新的价格	705.52 元	941.95 元
价格波动幅度	+6.74%	+6.20%

假定两种债券的到期收益率都上升1个百分点,都从12%上升至13%,债券的新价格变为620.16元、837.21元,价格波动幅度分别为-6.18%和-5.61%。因此,票面利率低的债券,利率波动幅度要更大一些。

又假定两种债券的到期收益率都下降1个百分点,都从12%下降至11%,债券的新价格变为705.52元、941.95元,价格波动幅度分别为+6.74%和+6.20%。相比第一种变化情况得出结论:市场利率同样幅度地上升与下降,所引起的债券价格的波动幅度是不同的。利率下降引起的债券价格上升的幅度,要高于同样幅度的利率上升引起债券价格下降的幅度。

(三) 市场利率

在其他因素不变的情况下,市场利率水平越低,债券价格与利率之间的敏感性越高。比如债券 A 的基本信息如表 2-6 所示。

表 2-6 债券信息

	A 债券
年利息(1 年 1 次)	60 元
面额	1 000 元
风险	无风险
偿还期	10 年
到期收益率	6%
价格	1 000 元

以上表中的债券为例,到期收益率分别在 6%、5%、4%、3%、2% 的情况下,利率有 25 个基点的变化,债券价格的波动幅度是不同的。而且在市场利率越低的情况下,同样幅度的利率变化引起的债券价格的波动幅度越大,如表 2-7 和图 2-6 所示。

表 2-7 市场利率与债券价格敏感性

到期收益率	价格(元)	波动率
2.00%	1 359.30	
2.25%	1 332.48	-1.97%
3.00%	1 255.91	
3.25%	1 231.62	-1.93%
4.00%	1 162.22	
4.25%	1 140.19	1.90%
5.00%	1 077.22	
5.25%	1 057.22	1.86%
6.00%	1 000.00	
6.25%	981.82	1.82%

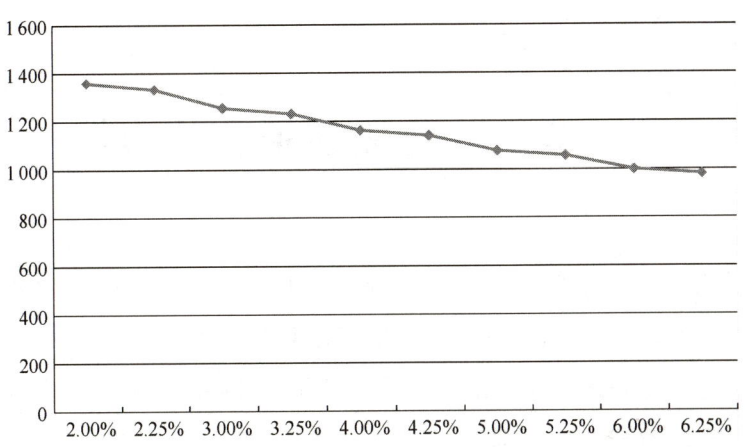

图 2-6 市场利率与债券价格敏感性

为了更清楚地说明结论,再举一个例子。

【例4】有四个债券 A,B,C,D,每个债券的到期收益率都为9%,半年支付一次利息,价格分别为100元、100元、84.175元和63.1968元。偿还期、票面利率与债券价格变化量的关系如表2-8所示。

表 2-8 偿还期、票面利率与债券价格变化量的关系

新收益率(%)	债券 A	债券 B	债券 C	债券 D
	9%,5年	9%,20年	5%,5年	5%,20年
6	12.8	34.67	13.73	39.95
8	4.06	9.9	4.35	11.26
8.9	0.4	0.93	0.42	1.05
9	0	0	0	0
9.01	-0.04	-0.092	-0.042	-0.14
9.5	-1.95	-4.44	-2.09	-5.01
10	-3.86	-8.58	-4.13	-9.64
12	-11	-22.6	-11.9	-25.1

从表2-8可以验证前面分析得出的结论:偿还期越长,价格风险越大;票面利率越低,价格风险越大;利率下降引起债券价格上升的幅度,高于同样幅度的利率上升引起的债券价格下降的幅度。

第四节　收益曲线拟合的方法

在固定收益证券分析中,对利率期限结构的研究是核心问题。如果能够了解当前市场利率期限结构,将可以通过债券未来现金流对其真实价值进行估值。当实际价格异于估值得到的真实价值时,便可以调整相应的投资策略,售出价格被高估的债券、买入价格被低估的债券。

利率期限结构的基础是即期利率曲线。即期利率曲线从市场数据中导出,该过程被称为收益率曲线的提取。通过拟合方法可以建立收益率曲线的参数模型。

一、理论基础

如果知道即期利率曲线,则可以导出远期利率曲线。对于固定息票债券定价,对于每一笔确定性的、发生在未来时点 t 的远期现金流 CF,现值为:

$$PV = CF \cdot B(t) = CF \cdot \exp[-t \cdot S(t)] = CF \cdot \exp[-\int_0^t f_{inst}(x)\mathrm{d}x]$$

其中: $S(t)$ 为 t 时点的年计连续复利的即期利率水平;

$f_{inst}(t)$ 为瞬间远期利率函数。

固定息票债券的理论价格为其所有的内含远期现金流的现值加总:

$$\bar{P} = \sum CF_i \cdot B(t_i) = \sum CF_i \cdot \exp[-t_i \cdot S(t)] = \sum CF_i \cdot \exp[-\int_0^{t_i} f_{inst}(x)\mathrm{d}x]$$

在真实交易中含有交易成本和税费支出,上式中债券理论价格是近似值,同时,该价格未考虑流动性问题。但为了获取当前的收益率曲线,假设当前市场上的债券品种(或债券样本)为集合 $\{Bond_i\}_{1 \leqslant i \leqslant N}$,$N$ 为样本债券总数。P_i 为债券品种 i 的有效交易价格,$\bar{P}_i$ 为理论价格,则:

$$\bar{P}_i = P_i + \varepsilon_i$$

式中,ε_i 为对应债券品种 i 的定价误差。对于样本集合,可用向量(即 N×1 维矩阵)形式表达:

$$\bar{P} = P + \varepsilon$$

式中,向量 ε 为总体债券样本的定价误差。基于定价误差最小化的原则,可以对收益率曲线进行拟合。

二、一般方法

拟合收益率曲线的方法包括两种,直接方法和间接方法。若不考虑理论价格和实际价格间的误差,将所有远期现金流样本所对应的贴现率直接使用,在收益率—期限的二维平面上构成一系列离散的点,通过内插法将其连成一条曲线,这样的方法是直接方法。

但是实际应用中直接方法不可行。若债券样本中含息票债券,要求所有样本债券现金流相互线性无关,因此不能将一些债券纳入样本,从而无法反映整个市场的信息,所获取的收益率曲线也并不平滑。

间接方法通过假设收益率曲线近似符合某些包含有自由参数的参数模型,约定与自由参数有关的目标函数,并利用现有市场数据估计和调整函数中自由参数,达到或接近优化目标。之后,用最优值代入可以获得收益率曲线。最优化的过程即是"拟合"收益率曲线的过程。

间接方法可以包含所有必要的市场债券品种,确保平滑的收益率曲线,但是同时带来了较高的模型风险,不合适甚至错误的模型拟合结果将非常惨重。

因此,拟合收益率曲线的一般方法通常是设定一个参数模型,该模型可直接体现为一个即期利率关于到期期限 t 的函数, $SpotRate(t) \equiv S(t;\beta)$($\beta$ 为自由参数向量)。另外一种形式,是建立贴现率关于到期期限 t 的函数, $DiscountFactor(t) \equiv B(t;\beta)$,二者关系有:

$$S(t) = -\frac{\ln B(t)}{t}$$

对于最好的即期利率曲线,要求使整个债券样本的总体定价误差最小。若考虑样本的定价误差(列)向量 ε,有 $E(\varepsilon) = 0$。对于自由参数向量 β,最优估计量应满足 $\min(\varepsilon^T \cdot \varepsilon = \sum \varepsilon_i^2)$。该式即为优化的目标函数。也就是,要求理论价格和市场价格间的"绝对定价误差"最小化,β 应满足 $\min \sum (\bar{P}_i - P_i)^2$。

上述两种目标函数形式和最小二乘法(OLS)的目标函数一致。如果仅包含线性参数的期限结构模型,直接使用最小二乘法可求出 β 的最优解——k 维参数向

量 $\hat{\beta}$ 是函数 $SpotRate(t) \equiv S(t;\beta)$ 关于 $\min(\varepsilon^T \cdot \varepsilon = \sum \varepsilon_i^2)$（残差平方和最小化）的最小二乘估计量。

进行多元线性回归，线性参数 β 最小二乘估计量的解析解为 $\hat{\beta} = (X^T X)^{-1} X^T P$。

其中，P 是样本债券在同一时点的市场价格组成的 N 维向量。

但是，这样的 $\hat{\beta}$ 在最小二乘法（OLS）下的解可能存在问题，因为期限结构模型设定违反了最小二乘法的一些古典假定。此外，有些形式的期限结构模型没有最小二乘估计量的解析解。

对于债券样本的选取，选择"同质"的一组固定息票或零息债券较佳。如果选取的债券样本不具有相同的信用等级，将存在信用风险息差。对于含有内置期权的债券也有类似问题。

三、异方差问题和处理

（一）异方差性

对于 $\varepsilon = \bar{P} - P$，方差记为 $\text{Var}(\varepsilon_i) = \sigma_i^2$，对于参数向量 β 有最小二乘估计量的解析解。但是，目标函数设定及其推导都是基于普通最小二乘法的，普通最小二乘法要求：残差项 ε 必须服从零均值、非自相关和同方差三个假设。只有这样，才能得到对参数向量 β 的线性无偏有效估计量。

最关键的模型风险在于异方差问题的处理。对于个别的残差项方差 $\text{Var}(\varepsilon_i) = \sigma_i^2$，$\varepsilon_i$ 对应的是某一只具体债券的定价误差，期限结构模型中与其对应的唯一解释变量是到期期限 t。若以即期利率曲线作为研究对象，t 对应的是某一只具体债券的久期。

假设即期利率曲线上对应每一个期限的点利率的波动率水平都是一致的话，那么期限越长的债券，价格波动率越大，并且其波动率与其久期有线性关系。此外，假设债券市场是有效的，可知债券的定价误差是完全因随机因素引起的，其被观测到的平均定价误差的大小应与其价格的波动率水平一致。因此，对于残差 $\text{Var}(\varepsilon_i) = \sigma_i^2$ 的期望值与解释变量 t 之间存在着线性关系，具有不同期限债券样本的观测值方差的期望值也不同，这违反了普通最小二乘法的同方差假定，目标函数

$$\min \sum (\bar{P}_i - P_i)^2$$ 对 β 最终估计结果是无效的估计量。

(二) 久期修正的目标函数与广义最小二乘法

为解决这个问题,在设定目标函数时应加入一个权重系数:

$$\min \sum [\omega_i^2 \cdot (\bar{P}_i - P_i)^2]$$

关于权重系数 ω 的选择问题,有许多不同的处理方法。ω 的选取原则是给予长期债券较低的权重、给予短期债券较高的权重。若市场是有效的,且不同期限点利率具有相同的波动性,债券的定价误差与其久期存在线性关系,ω 应使这个久期在定价误差中的影响被消去。因此,ω 应是久期倒数的一个线性函数。若 $\sum \omega = 1$,则有:

$$\omega_i = \frac{1/D_i}{\sum 1/D_i}$$

修正后的目标函数为:

$$\min \sum_{i=1}^{n} \left[\frac{1/D_i}{\sum 1/D_i}\right]^2 \cdot (\bar{P}_i - P_i)^2$$

这种方法符合广义最小二乘法对于异方差问题的处理。残差项写成下面的矩阵形式:

$$\varepsilon \cdot \varepsilon^T = \begin{bmatrix} \sigma_1^2 & 0 & \cdots & 0 \\ 0 & \sigma_2^2 & \cdots & \cdots \\ \cdots & \cdots & \cdots & \cdots \\ 0 & \cdots & \cdots & \sigma_n^2 \end{bmatrix} = \sigma^2 \cdot \Omega = \sigma^2 \begin{bmatrix} 1/\omega_1^2 & 0 & \cdots & 0 \\ 0 & 1/\omega_2^2 & \cdots & \cdots \\ \cdots & \cdots & \cdots & \cdots \\ 0 & \cdots & \cdots & 1/\omega_n^2 \end{bmatrix}$$

即异方差的残差项方差—协方差矩阵写做权重矩阵 Ω 和标准化的残差方差 σ^2 的乘积形式。如果市场有效且点利率同方差成立,那么 $\sigma^2 = \dfrac{\sum_{i=1}^{n}(\bar{P}_i - P_i)^2}{n}$,而权重 $\omega_i^2 = \dfrac{n/D_i^2}{\sum 1/D_i^2}$。

广义最小二乘法需要权重矩阵 Ω 被标准化为 $\sum \omega_i = n$ 的状况,$\omega_i^2 = \dfrac{n/D_i^2}{\sum 1/D_i^2}$ 和 $\omega_i = \dfrac{1/D_i}{\sum 1/D_i}$ 原则上都是符合修正的目标函数。

关键词

债券定价　　货币时间价值　　到期收益率　　即期利率　　远期利率
债券价格波动性

扩展阅读

债市杠杆不降,央行可能再次出手①

一、央行时隔半年重启 14 天期公开市场逆回购操作,激起债券市场去杠杆的波澜

目前市场上债券流动性充裕吗?换句话说,市场上钱多吗?按照传统的流动性分析逻辑,现在钱其实并不多。

从传统角度来分析资金面、分析配债的资金,主要是通过超额准备金,也就是基础货币中扣除现金和法定存款准备金以外的部分,这一部分是过去我们一直以来分析债券市场流动性最看重的地方。

考虑最近的外汇占款处于一个持续下行趋势,并且央行的货币政策也没有出现明显宽松,当前超额准备金绝对水平及超额准备金率实际上并不高。我们自己做了一个测算,在 2016 年 7 月超额准备金率大概是 1.8%,8 月大概会下降到 1.4% 左右,这个水平在历史上是偏低的,历史上比较合理的水平大概是 2%。

另一方面,我们以待回购余额来看当前资金的需求。在债市杠杆水平较高的情况下,待回购余额在不断攀升,7 月已经达到 36 766.71 亿元,与 2015 年年初相比,增加了 8 000 多亿元,可见资金需求较为旺盛。我们用待回购余额与超储率做一个比值,来看相对于需求而言当前的资金供给是怎样的水平。从数据可以看出,待回购余额与超储规模的比值在进入 2016 年 3 月后一直在上升,7 月份已经达到 228%,是 2013 年以来的新高,这表明资金的供给远远低于资金的需求,从这方面

---

① 资料来源:李奇霖. 债市杠杆不降,央行可能再次出手. 经济观察报,2016-08-28.

来看市场中的钱是不多的。

但实际上近期市场上流动性较为充裕,各机构仍有较大的资金配置压力,市场上优质高收益率的资产稀缺,大量的资金游荡在市场中。我们从两点可以看出:①前段时间超长期限利率债与过剩产能行业龙头债受市场追捧,收益率大幅下行;②10年期国债收益率在2016年4月以来持续下降,目前已接近2.5%的低点。这两点明确证实了当前市场上资金多、优质高收益资产少,"资产荒"一直在持续。所以如果按照传统的流动性分析逻辑,当前的市场流动性情况是无解的,如此多的资金并不是来自传统所说的超储,我们需要用新的思维与逻辑去看待当前债市的流动性。

既然现在市场中的流动性走势与超储率走势不一致,这么多追逐资产的钱到底是从哪儿来?一个很有可能的来源是实体经济,大量资金"脱实入虚",通过理财涌入债券市场。

近几年来,理财规模快速增长,目前全市场理财产品的余额已达到31万亿,其中增长最快的主要是同业理财,它主要来源于银行自营资金。这部分资金前期一直配置较大规模的非标资产,但由于非标资产多数为3年期且发行时间集中在2012~2013年,在2015~2016年尤其是2016年下半年,大量非标资产到期,银行自营资金不得不开始重新寻找配置资产,由于目前没有新增的良好资产,银行只能把这部分钱拿去买理财。2014年以来债券市场一涨再涨,形势一片大好,理财资金选择配置债券或通过委外间接配置债券,从而使债市流动性充裕。

二、钱多杠杆高,央行有意降杠杆

银行理财和保险保费的规模不断扩张,虽然给市场带来了充裕的流动性,但也使金融机构的配置压力增大,加上银行理财市场同质化程度较高,收益率成为唯一的竞争焦点,银行很容易陷入囚徒困境中。银行理财资金成本难降,在某种程度上甚至可以说具有刚性。

另一方面,在高配置压力下,债券市场收益率在不断降低,下降速度快于负债端。也就是说,大量高成本资金涌入市场,使投资者最终处于成本收益倒挂的境地。为保证投资收益率,商业银行与非银机构普遍采取加杠杆的方式来博取收益,即通过滚动隔夜回购来配置收益率较高的债,以此来提高投资收益率水平。此举使市场上的杠杆率不断上升,据测算,证券公司的杠杆率水平已经达到4.0,商业银行加杠杆虽有限制,但农商行的杠杆率水平仍达到了1.3。

在债市杠杆水平较高的情况下,为维持金融系统稳定,央行与监管层已经有所行动来控制杠杆水平。事实上,在2016年年初,监管层就曾对债市的杠杆水平进行摸底,引发投资者对监管层降杠杆的担忧。2016年7月,银行理财新规出台,其中的第三十六条规定:每只理财产品的总资产不得超过该理财产品净资产的140%,这相当于直接控制了银行理财的杠杆水平,对于委外规模较大的小银行而言,去杠杆压力较大。除监管层外,央行在近期也出手表明债市降杠杆的意图。继2016年8月23日央行重启14天逆回购询量后,8月24日与8月25日连续两天央行分别进行了500亿与800亿的14天逆回购操作,中标利率持平稳定在2.4%。虽然14天逆回购规模不大,但此举的信号意义强于实际的投放量,央行锁长放短提高资金成本来降低杠杆水平的意图十分明显。在资金成本拉高的情况下,机构用于投放隔夜回购的资金减少,短端利率存在上升压力,套息空间缩窄,机构加杠杆动力减弱。未来债市杠杆水平若得不到控制,央行和监管层再次出手的可能性将大大增加。

第二章 债券定价及收益

本章测试

一、单项选择题

1. 影响债券价格的一般经济因素包括(　　)。

   A. 政治因素　　　　　　B. 心理因素

   C. 投资因素　　　　　　D. 物价水平

2. 影响债券利率的因素不包括(　　)。

   A. 银行利率水平　　　　B. 发行人的资信状况

   C. 债券偿还期限　　　　D. 购买债权人的差异

3. 债券的收益来源不包括(　　)。

   A. 利息　　　　　　　　B. 再投资收入

   C. 资本利得　　　　　　D. 资本损失

4. 债券到期收益率计算的原理是(　　)。

   A. 到期收益率是购买债券后一直持有至到期的内含报酬率

   B. 到期收益率是能使债券每年利息收入的现值等于债券买入价格的折现率

   C. 到期收益率是债券利息收益率与资本利得收益率之和

   D. 到期收益率的计算要以债券每年末计算并支付利息、到期一次还本为前提

5. 某人希望在5年末取得本利和20 000元,则在年利率为2%、单利计息的方式下,此人现在应当存入银行(　　)元。

   A. 18 114　　　　　　　B. 18 181.82

   C. 18 004　　　　　　　D. 18 000

6. 5年期,10%的票面利率,半年支付,债券的价格是1 000元,每次付息是(　　)。

   A. 25元　　　　　　　　B. 50元

   C. 100元　　　　　　　D. 150元

7. 贴现率升高时,债券价值(　　)。

   A. 降低　　　　　　　　B. 升高

   C. 不变　　　　　　　　D. 与贴现率无关

二、计算题

1. 政府发行面值为 1 000 元、期限为 10 年的零息债券,如果在相同风险下投资者可接受的收益率为 8%,该债券的价值是多少?

2. 2017 年 7 月 1 日发行的某债券,面值 100 元,期限 3 年,票面年利率 8%,每半年付息一次。求:

(1)假设等风险证券的市场利率为 8%,计算该债券的实际年利率和全部利息在 2017 年 7 月 1 日的现值。

(2)假设等风险证券的市场利率为 10%,计算 2017 年 7 月 1 日该债券的价值。

(3)假设等风险证券的市场利率 12%,2018 年 7 月 1 日该债券的市价是 85 元,试问该债券当时是否值得购买?

(4)某投资者 2019 年 7 月 1 日以 97 元购入,试问该投资者持有该债券至到期日的收益率是多少?

3. C 公司在 2017 年 1 月 1 日发行 5 年期债券,面值 1 000 元,票面利率 10%,于每年 12 月 31 日付息,到期时一次还本。求:

(1)假定 2017 年 1 月 1 日金融市场上与该债券同类风险投资的利率是 9%,该债券的发行价应定为多少?

(2)假定 1 年后该债券的市场价格为 1 049.06 元,该债券于 2018 年 1 月 1 日的到期收益率是多少?

(3)该债券发行 4 年后该公司被揭露出会计账目有欺诈嫌疑,这一不利消息使得该债券价格在 2021 年 1 月 1 日由开盘的 1 018.52 元跌至收盘的 900 元。跌价后该债券的到期收益率是多少(假设能够全部按时收回本息)?

参考答案

一、单项选择题

1. C   2. D   3. D   4. A

5. B   现在应当存入银行的数额 = 20 000 ÷ (1 + 5 × 2%) = 18 181.82(元)

6. B   7. A

二、计算题

1. 463.19 元。$PV = 1\,000/(1.08^{10})$

2. (1) 债券实际年利率 $=(1+8\%/2)^2 - 1 = 8.16\%$

每次发放的利息 $=100 \times 8\%/2 = 4$(元)

利息现值 $=4/(1+4\%)+4/(1+8\%)+4/(1+12\%)+4/(1+16\%)+4/(1+20\%)+4/(1+24\%) = 3.846+3.704+3.571+3.448+3.333+3.226 = 21.13$(元)

(2) 债券价值 $=4 \times (P/A,5\%,6) + 100 \times (P/S,5\%,6) = 20.30 + 74.62 = 94.92$(元)

(3) 2018 年 7 月 1 日债券价值 $=4 \times (P/A,6\%,4) + 100 \times (P/S,6\%,4) = 13.86 + 79.21 = 93.07$(元),该债券应该购买。

(4) $4 \times (P/S,i/2,1) + 104 \times (P/S,i/2,2) = 97$

$i=12\%$ 时:

$4 \times (P/S,6\%,1) + 104 \times (P/S,6\%,2) = 3.77 + 92.56 = 96.33$

$i=10\%$ 时:

$4 \times (P/S,5\%,1) + 104 \times (P/S,5\%,2) = 3.81 + 94.33 = 98.14$

利用内插法:

$(i-10\%)/(12\%-10\%) = (98.14-97)/(98.14-96.33)$

解得,$i = 11.26\%$

3. (1) 发行价 $=100 \times (P/A,9\%,5) + 1000 \times (P/S,9\%,5) = 100 \times 3.8897 + 1\,000 \times 0.6499 = 388.97 + 649.90 = 1\,038.87$(元)

(2) 用 9% 和 8% 试误法求解:

$V(9\%) = 100 \times (P/A,9\%,4) + 1\,000 \times (P/S,9\%,4) = 100 \times 3.2397 + 1\,000 \times 0.7084 = 1\,032.37$(元)

$V(8\%) = 100 \times (P/A,8\%,4) + 1\,000 \times (P/S,8\%,4) = 100 \times 3.3121 + 1\,000 \times 0.7350 = 1\,066.21$(元) 插补法求解。

(3) $900 = 1\,100/(1+i)$,$1+i = 1\,100/900 = 1.2222$,跌价后到期收益率 $= 22.22\%$。

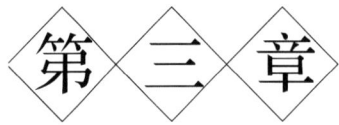

利率期限结构

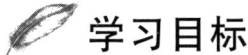
学习目标

1. 掌握利率期限结构的相关概念。

2. 熟悉利率期限结构与收益曲线之间的关系。

3. 能够区分不同种类的债券并掌握对应的到期收益率计算方法。

4. 重点把握四种利率期限结构理论:纯预期理论、市场分割理论、流动性偏好理论、优先偏好理论。

5. 了解动态利率期限结构模型。

引导案例

受金融危机影响,美国经济遭到严重冲击。在经济严重衰退、市场流动性趋紧且刺激经济利率杠杆手段已用尽的情况下,为缓解金融市场的动荡和防止经济下滑,美联储在实施两轮量化宽松货币政策的基础上又推出新的政策手段——利率期限结构扭曲操作(Operation Twist of Term Structure of Interest Rate),成为全球关注的热点。

正常情形下,利率期限结构呈现上升型,美联储实施两次量化宽松政策后,长期利率虽然下降,但短期利率下降更为明显,形成了明显的上升型的曲线形态。这种上升型的利率期限结构,由于短期利率等于零或接近于零,导致美元成为套利交易资金的来源货币,投机商就像当初借入低利率甚至零利率的日元换成其他国家较高利率的货币、以利率较大的利差获取利息增值一样,导致短期美元资金的大量流出,影响经济复苏。同时,长期利率过高,将会造成投资动力不足,不利于经济的长远发展。目前,美联储持有的短期国债明显多于长期国债,客观上具备进行利率期限结构扭曲操作的条件,而且空间较大。美联储计划到2012年6月,出售剩余期限为3年及以下的4 000亿美元中短期国债,同时购买相同数量的剩余期限为6年至30年的中长期国债。在这种情况下,卖出较短期限的国债、买入较长期限的国债,这种操作将曲线左端的短期利率抬高,而将右端的长期利率压低,相当于将收益率曲线扭转,故得名扭曲操作。扭曲操作是对现有利率期限结构的明显扭转,而利率期限结构又对金融产品定价、货币政策传导起到基础性作用,所以其重要性不言而喻。

利率期限结构扭曲的操作方式最早应用于20世纪60年代初的美国。当时正值肯尼迪总统执政,美国面临着严峻的经济形势,对外贸易逆差,国际收支长期处于赤字的状态,且国内经济衰退,同时二战以后国际社会建立了以美元为中心的布雷顿森林体系,采用了以美元为中心的双挂钩汇率制度。美元与黄金挂钩,确定35美元兑换1盎司黄金的固定兑换比率,其他国家货币与美元挂钩,与美元保持固定汇率,相当于其他货币间接盯住了黄金,可以保证汇率的稳定。这样一种国际货币体制使美国陷入了"特里芬难题"的困境,即由于美元作为国际储备货币,决定了必须以美国国际收支的逆差来满足世界贸易增长所需的流动性。然而,美元作为国际货币核心的前提是必须保持美元币值稳定与坚挺,这又要求美国必须是一个长期贸易顺差国。流动性与稳定性之间的矛盾,使得美国面临着汇率下跌、美元贬值、大量黄金流失的危险。面对危机,肯尼迪政府必须及时采取有效措施来调节国际收支,解决美国当时的经济问题。时任美国财政部副部长的罗伯特·鲁莎(Robert Roosa),提出了通过扭曲操作的策略来缓解美国经济状况的应急对策。1961年2月扭曲操作正式开始实施,联邦储备银行大量抛售较短期限的国债,由于价格与收益率成反比,所以此举使短期国债价格下跌,从而收益率提高,吸引国际资本流入,扭转国际收支不平衡的局面。同时用抛售短期国债的所得资金收购期限较长的国债,使长期国债价格推高,收益率下降,刺激国内消费和鼓励投资,缓解国内经济疲软的态势,这样操作将使收益曲线趋于平坦。这一操作持续到1965年后终止,但由于债券存量影响的滞后作用,其效应一直波及到20世纪60年代末。肯尼迪政府采取的这一操作手段是否有效,我们可以通过受其影响的利率期限结构的变化来评估扭曲操作的实际效果。1961年1年期的收益曲线与其他期限较长的收益曲线相比,处于较低的位置,美国国债利率期限结构明显呈现上升型,进入1964年后,随着肯尼迪政府实施扭曲操作,曲线形态明显发生了逆转,变为显著的下降型。可以看出实施这一操作已有成效,实现了当初设想的提高短期利率、降低长期利率的目标。这一策略改变了以往的通过增发货币总量来刺激经济复苏的方式。采用以往的增发货币的方式将增加通胀的风险,造成货币贬值,物价上涨,而采用扭曲操作策略可以有效规避前者的风险,因为这一策略只是对货币结构进行调整,并不增加市场货币的整体供应量,也不会使政府增加任何负债。[①]

---

① 资料来源:马明,秦文波. 利率期限结构扭曲操作——美国货币政策的新动态评析. 西南金融,2012(01).

第一节 利率期限结构概述

一、利率期限结构与收益曲线的概念

利率的期限结构是指风险结构相同但期限不同的债券的到期收益率呈现出来的差异。收益曲线则是描绘某一时点上具有相同风险结构和不同期限结构的不同债券的利率与期限之间关系的一条曲线。

收益曲线是对利率期限结构具象化的阐释,通常我们用横轴来表示期限,用纵轴来表示到期收益率或者利率。根据利率种类的不同,收益曲线可以分为到期收益率曲线、即期收益率曲线和远期收益率曲线,而在最常使用的到期收益率曲线中,由于到期收益率不仅受供求关系影响,还受息票利率、计息次数等因素的影响,导致某一期限对应的到期收益率可能不止一个,从而导致收益曲线也不唯一。

二、收益曲线的形状

收益曲线主要有三种形状:向右上方倾斜的收益曲线、向右下方倾斜的收益曲线,以及水平的收益曲线,如图3-1所示。

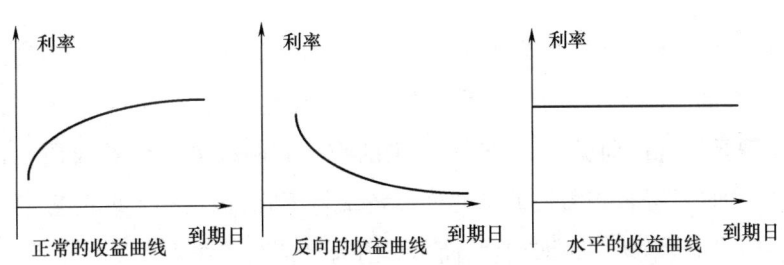

图3-1 收益曲线形状

向右上方倾斜的收益曲线是最常见的。它表明期限越长,利率越高,也就是说债券的长期利率高于短期利率。如果出现较为陡峭的右上方倾斜收益曲线,表明长期利率的增长幅度大于短期利率,这是投资者对经济稳定或者经济增长、通货膨胀预期的体现,但这并不绝对,右上方倾斜的收益曲线也可能发生在经济衰退的时候。

右下方倾斜的收益曲线表明期限越长,利率越低,亦即债券的长期利率低于短期利率。反向收益曲线出现的原因可能是债券的供给将减少、预期通货膨胀率下降、经济衰退等。

水平的收益曲线表明债券的收益率与期限长短无关,不管债券期限如何变化,到期收益率都是相同的,也就是说长期利率等于短期利率。水平的收益曲线可能出现在右下倾斜的收益曲线附近,有时被看做是反向收益曲线即将出现的预兆。

第二节　传统的利率期限结构理论

上一节介绍了收益曲线会呈现出不同的形状和走势,经济学家对利率期限结构的特征和模式提出了多种不同的解释,接下来将着重介绍其中较有代表性和影响力的四个理论,它们分别是:纯预期理论、市场分割理论、流动性偏好理论、优先偏好理论。

一、纯预期理论

纯预期理论最早由费雪提出,其后由希克斯和卢茨进行了完善,主要内涵可以概括为:债券的长期利率等于短期利率的预期。在纯预期理论的假设下,投资者对债券的期限是没有任何偏好的,投资决策的唯一判断标准是债券的预期收益率。也就是说,一旦投资者判断长期债券的收益率将下降,他将立刻转向短期债券,反之,他将从短期债券转向长期债券,而不会因为对长期债券或者短期债券有偏好而影响投资决策。同时,假设套利交易是没有成本的,资金可以在长期和短期债券市场自由地转移,投资者在长期和短期债券之间进行的套利交易最终会导致套利机会消失。也就是说,在市场达到均衡时,长期利率将等于预期短期利率的平均值。只要预期的总收益相等,选择长期债券和短期债券并没有区别。

下面将通过简单的算术来阐述这一过程。假设对一单位货币进行两年期投资，r_t 为一年期债券利率，r_{t+1}^e 为预期的第二年的一年期债券利率，r_{2t} 为两年期债券利率，在这里，r_t 和 r_{2t} 是短期利率，r_{t+1}^e 是长期利率，按复利计算收入。投资方案如下：

方案一：长期投资，投资两年期债券，持有至到期。

方案二：短期投资，投资一年期债券，到期后收回本息再次投资于一年期债券。

长期投资的利息为 $(1+r_{2t})^2-1$，短期投资的利息为 $(1+r_t)(1+r_{t+1}^e)-1$。如前所述，当市场达到均衡，选择长期债券和短期债券得到的预期收益相等，即：

$$(1+r_{2t})^2 - 1 = (1+r_t)(1+r_{t+1}^e) - 1 \qquad 式(3-1)$$

得到：

$$r_{2t} = \sqrt{(1+r_t)(1+r_{t+1}^e)} - 1$$

一般地，有：

$$r_{it} = \sqrt[i]{(1+r_t)(1+r_{t+1}^e)\cdots(1+r_{t+(i-1)}^e)} - 1$$

即长期利率等于预期短期利率的几何平均值。

将式 3-1 展开，忽略两个乘项可得：

$$r_{2t} = \frac{r_t + r_{t+1}}{2}$$

一般地，有：

$$r_{it} = \frac{r_t + r_{t+1}^e + r_{t+2}^e + \cdots + r_{t+(i-1)}^e}{i}$$

即长期利率等于预期短期利率的算术平均值。

纯预期理论能够很好地解释三种不同形状的收益率曲线的形成原因：当人们对短期利率的预期是上涨的，那么长期利率将高于当前的短期利率，收益率曲线将向上倾斜；当人们对短期利率的预期是下降的，那么长期利率将低于当前短期利率，收益率曲线将向下倾斜；当人们对短期利率的预期是维持不变，那么长期利率将等于当前短期利率，收益率曲线将保持水平。

二、市场分割理论

市场分割理论由卡伯特森提出，其核心观点是：不同期限的债券市场是独立存在的,投资者对不同期限的债券有绝对的偏好。一个简单的实例,商业银行出于流动性的需要,通常偏好期限较短的债券;相反,保险公司、养老基金则对流动性的要求不高,因此通常选择期限较长的债券来提高收益。

市场分割理论认为债券利率的变化只取决于该种期限债券的供求关系,而不受其他期限债券的供求变化和利率变化的影响,收益曲线是由不同的投资者在不同期限市场的投资综合形成的。这与纯预期理论的基本观点截然相反,纯预期理论认为不同期限的债券一定程度上可以相互替代,市场分割理论则认为不同期限的债券是独立不可替代的。

市场分割理论能够补充纯预期理论一个很大的不足,它能够充分解释为何收益曲线更多情况下是向上倾斜的:在实际生活中投资者更多地偏好期限较短的债券,而债券发行者更愿意发行期限较长的债券以满足资金需要,这样一来,短期债券供不应求、长期债券供过于求,直接导致了短期债券价格较高、利率较低,长期债券价格较低、利率较高的后果,从而使收益曲线向上倾斜。

但市场分割理论的缺陷也很明显。在实践中,我们可以观测到在更有效率的金融市场,资金在不同期限债券间更频繁地流动,市场之间存在相当密切的联系,不同期限的利率之间存在相关性,这与市场分割理论是不相符的。

三、流动性偏好理论

流动性偏好理论认为不同期限债券之间是可以相互替代的,同时投资者也对不同期限债券存在特定偏好,一般而言,投资者倾向于选择短期债券,但当较长期限债券的预期收益率超过短期债券达到一定程度时,投资者将改变选择。也就是说,长期债券必须支付一笔额外的流动性溢价才能吸引投资者,长期债券利率等于预期短期利率的平均值加上流动性溢价,即:

$$r_{it} = \sqrt{(1+r_t)(1+r_{t+1}^e)\cdots(1+r_{t+(i-1)}^e)} - 1 + P_{it}$$

或:

$$r_{it} = \frac{r_t + r_{t+1}^e + r_{t+2}^e + \cdots + r_{t+(i-1)}^e}{i} + P_{it}$$

其中,P_{it} 是 i 年期债券的流动性溢价。随着期限变长,流动性溢价递增,即

$0 < P_{1t} < P_{2t} < \cdots < P_{it}$。

流动性偏好理论巧妙地结合了纯预期理论和市场分割理论,能够较好地解释利率期限结构的问题,因此接受度很高。需要注意,在流动性偏好理论的解释下,上升的收益曲线并不一定代表预期未来利率的上升,也可能是流动性溢价在发挥作用。流动性溢价会使正向预期下的收益曲线上升更陡峭,使不变预期下的收益曲线轻微上升,使负向预期下的收益曲线保持水平,使大幅下降预期下的收益曲线仅轻微下降。

四、优先偏好理论

流动性偏好理论忽略了投资者偏好期限较长债券的可能性,也没有考虑风险溢价为负的可能,而这确实是存在的,优先偏好理论则从这一方面进行了补充和完善。优先偏好理论认为长期利率是预期的短期利率平均值加上风险溢价,但由于决定因素较为复杂,风险溢价并不一定随着期限变长而上升,而是可正可负,随时间变动,因此收益曲线的形状存在更多的可能。

优先偏好理论实际上包含了纯预期理论和流动性偏好理论,可以将其看为后两者的一般情况,纯预期理论讨论的是风险溢价为零时的情况,流动性偏好理论讨论的则是风险溢价为正时的情况。纯预期理论、流动性偏好理论和优先偏好理论都是预期理论,其中纯预期理论是无偏预期理论,流动性偏好理论和优先偏好理论是有偏预期理论。

第三节 动态的利率期限结构模型

20世纪70年代以来,各国的利率波动愈加频繁,随机波动下的利率动态模型显得愈加必要。自1973年Merton将随机过程引入瞬时利率的分析,提出最早的动态利率模型以来,动态利率期限结构模型的发展便走上了快车道,诸多经济学家对利率期限结构提出了不同的动态模型。动态利率期限结构模型与传统静态利率期限结构模型最大的不同点在于,静态利率期限结构模型主要适用于对当前利率期限结构进行拟合,而动态利率期限结构模型的目的在于对未来利率期限结构的情况进行描述,以及对利率产品进行定价和风险管理,尤其是涉及利率衍生品等其他利率产品的时候,动态利率期限结构模型的必要性更是得到凸显。

利率期限结构模型主要分为两类,一类是均衡模型,另一类是无套利模型。

均衡模型的主要思想是通过假设经济变量,对经济的一般均衡求解,从而得到短期利率所服从的随机过程,进而得到债券和其他利率衍生品的价格。其中,宏观经济相关变量是自变量,当期利率期限结构是因变量。均衡模型一个较大的优点是实用性,给定相关的经济变量,它能明确给出一个均衡,从而把对利率的刻画构建在坚实的微观经济理论基础上,有助于投资者发现可能的错误定价进而发现投资机会。但是均衡模型也有一定的局限性,例如均衡模型中待估的模型参数具有非时变性,也就是说与时间无关,这会导致对不同时点的利率期限结构刻画存在较大的误差。

无套利模型克服了均衡模型在变量与时间无关这一点上的问题,选取了时变参数,将分析建立在无套利条件下,模型以当前观测到的利率期限结构为自变量,以生成的新利率期限结构和金融工具价格为因变量,无套利条件使得每个时点上模型生成的和实际观测到的利率期限结构之间不存在套利机会。

早期的均衡模型和无套利模型通常为单因素利率模型,常见的单因素均衡利率模型主要包括 Merton 模型、Vasicek 模型、CIR 模型等,常见的单因素无套利模型包括 Ho-Lee 模型、Hull-White 模型、BDT 模型、HJM 模型等。这些单因素利率模型通常只设置一个风险因子,简单地将利率期限结构的变化归结为一个风险因子的影响。在这种设置下,短期利率变动与长期利率变动完全相关,形成单一的利率期限结构曲线,这与实际中利率期限结构在长短端受不同因素影响而变化的情形是不符的。于是多因素利率模型应运而生。

多因素模型以单因素模型为基础,引入多个风险因子来刻画利率期限结构和金融工具价格。在此基础上经济学家进一步提出了仿射利率期限结构模型。仿射指的是若对一个函数 $F(x)$ 存在常数 a、b,使得对所有 x 都有 $F(x) = ax + b$,则 $F(x)$ 是 x 的仿射函数。仿射模型通过强调模型设定的数学形式把收益率曲线表示成状态变量的线性函数,进而求得金融工具价格的解析解,与多因素模型一样可以将更多风险因子纳入进来,对利率期限结构进行更好的动态拟合,且易于操作。

常见的多因素利率模型包括两因素 CIR 模型、三因素仿射利率模型等。由于本书主要适用于本科生,在此不对动态利率期限结构模型进行具体的阐释和分析,有兴趣的读者可以自行查阅资料学习。

关键词

收益曲线　　纯预期理论　　市场分割理论　　流动性偏好理论
优先偏好理论

扩展阅读

国债收益率曲线趋平,美国经济现隐忧[①]

自英国"脱欧"公投结束以来,美国 10 年期国债收益率持续下行,目前已刷新历史低位。尤为值得注意的是,作为预示美国经济增长前景指标之一的 3 个月和 10 年期国债收益率差创下 2008 年以来最低水平,引发对美国经济增长下滑甚至重返衰退的担忧。德意志银行日前警告称,美国未来一年经济衰退的概率已增至 60%。

一、收益率曲线持续趋平

2016 年年初以来,美债收益率曲线长端大幅走低,10 年期国债收益率在周三创下 1.32% 的历史新低。短端方面,对货币政策敏感的 2 年期国债收益率从年初的 1% 下跌至 0.54%。

美债收益率走低的背后,是全球主权债收益率的集体下滑。这一方面是由于英国"脱欧"公投结果刺激短期避险情绪上升,另一方面反映了全球经济增长动能弱化,以及市场对更多宽松货币政策的预期。

由于经济复苏弱于预期,加上海外市场不确定性上升,美联储上半年一再推迟加息进度。在英国公投确认"脱欧"之前,市场普遍预测美国年内还有一到两次加息,但在公投后,市场认为美联储年内加息已经几无可能,甚至有交易员押注美联储可能很快降息。

尤为值得注意的是,自从英国公投决定"脱欧"后,美国国债收益率曲线平坦

---

① 资料来源:中国证券报,2016 - 07 - 07.

化的程度加剧。3个月期和10年期美债收益率差目前已经降至111个基点,较年初210个基点的水平几近腰斩,并创2008年以来最低。2年期与10年期国债收益率差也从年初的120个基点收窄至85个基点。

美国麻省人寿保险公司资深投资分析师预计,10年期美债收益率可能进一步下滑至1.1%~1.2%,因为英国"脱欧"增添了经济和货币政策的不确定因素,市场预计美联储政策立场可能转趋中性或宽松,美国经济可能陷入与日本、欧洲一样的长期停滞。除非美联储降息,否则预计美国国债收益率曲线将进一步趋平。

二、经济衰退隐忧浮现

美债收益率曲线平坦化趋势令人担忧,因为根据历史经验,国债收益率曲线趋平甚至"倒挂"通常预示着经济增长下滑甚至衰退。美国克利夫兰联储6月发布的报告指出,在4月23日至5月20日期间,3个月期与10年期美国国债的收益率差从162个基点降至152个基点,这预示着未来一年美国经济增速可能为1.9%,美国经济陷入衰退的概率从7.33%上升至8.3%。

相比之下德意志银行的预期要悲观得多。德银分析师认为,美债收益率曲线趋平是件"麻烦事",如果剔除美联储干预的因素,美债收益率曲线趋平意味着美国经济衰退的可能性上升。

根据德银的预测模型,美国国债收益率曲线的过度趋平甚至倒挂通常出现在美国经济衰退之前。最近两次当德银的模型预测概率超过70%时,都准确预测出美国经济衰退。而目前德银模型预计未来一年美国经济衰退的概率已上升至60%,是2008年8月以来最高水平。

德银报告指出,如果接下来10年期美债收益率继续下滑至1.00%,3个月期国债收益率不变,那么该预测值就会升至70%。目前10年期美债收益率距离这一水平只有30多个基点。

美国最新的经济数据也显示经济增长动能下降。5日公布的数据显示,美国5月工厂订单从半年高位回落,环比降幅达到1%,高于预期;美国7月IBD消费信心指数降至45.5,意外连续两个月下滑,并显示悲观情绪占据主导;5月营建支出连续第二个月下降,降幅为0.8%,此前的4月份降幅调整为2%,创2011年1月以来最高。

本章测试

一、单项选择题

1. 当利率水平下降时,已发债券的价格将( )。

    A. 上涨　　　　　B. 不变　　　　　C. 下跌　　　　　D. 不一定

2. 下列关于债券贴现率与现值关系的描述,正确的是( )。

    A. 当给定终值时,贴现率越高,现值越低

    B. 当给定终值时,时间越长,现值越低

    C. 当给定利率时,贴现率越高,现值越高

    D. 当给定利率时,时间越长,现值越低

3. 收益曲线描述的是( )。

    A. 债券的息票率与债券之间的关系

    B. 债券的到期收益率与债券的期限之间的关系

    C. 债券的当期收益率与债券的期限之间的关系

    D. 债券的持有期收益率和债券的期限之间的关系

4. 下列有关流动性溢价的叙述中,正确的是( )。

    A. 流动性溢价抵消了长期投资者面临的利率的不确定性

    B. 流动性溢价抵消了长期投资者面临的价格的不确定性

    C. 流动性溢价抵消了短期投资者面临的利率的不确定性

    D. 流动性溢价抵消了短期投资者面临的价格的不确定性

5. 根据纯预期理论,正常的收益曲线表示( )。

    A. 利率将下降

    B. 利率将上升

    C. 利率将先下降,再上升

    D. 利率将先上升,再下降

6. 根据流动性偏好理论,若在未来10年中预期利率水平上升的年份有5年,预期利率水平下降的年份也是5年,则( )。

    A. 利率期限结构上升的情况多于下降的情况

B. 利率期限结构上升的情况等于下降的情况

C. 利率期限结构上升的情况少于下降的情况

D. 不一定

7. 认为市场被分割为短期资金市场和长期资金市场的利率期限结构理论是（　　）。

A. 纯预期理论

B. 流动性偏好理论

C. 市场分割理论

D. 优先偏好理论

8. 根据流动性偏好理论，正确的是（　　）。

A. 投资者偏好长期债券

B. 投资者偏好中期债券

C. 投资者偏好短期债券

D. 投资者对不同期限债券无偏好

二、计算题

假定流动性补偿理论解释利率期限结构是合理的，已知：未来5年内的一年期利率分别是：4%，5%，6%，6%，6%；未来1～5年的流动性补偿利率分别是：0%，0.25%，0.5%，0.75%，1%。请回答：

（1）2年期到5年期的利率分别是多少？

（2）请画出收益曲线。

三、简答题

简述到期收益率与票面利率的区别与联系。

参考答案

一、单项选择题

1. A　　2. A　　3. B　　4. B　　5. B　　6. A　　7. C　　8. C

二、计算题

（1）2年期利率 =［（4% +5%）/2］+0.25% =4.75%

3 年期利率 = [(4% + 5% + 6%)/3] + 0.5% = 5.5%

4 年期利率 = [(4% + 5% + 6% + 6%)/4] + 0.75% = 6%

5 年期利率 = [(4% + 5% + 6% + 6% + 6%)/5] + 1% = 6.4%

(2)根据题(1)求得的数据,以年份为横坐标、利率为纵坐标描点连线即可得到收益曲线。

三、简答题

到期收益率,是指买入债券后持有至期满得到的收益(包括利息收入和资本损益)与买入债券的实际价格之比率。按复利计算是指使未来现金流量的现值等于债券买入价格的贴现率。而票面利率是指债券的利息与面值之比,即债券发行者约定按期根据票面金额支付利息的比例。二者都是描述债券收益的一种形式,但二者是有区别的:①分母不同。到期收益率的分母是成本,即以成本为计算基础,而利率的分母是债券面值,即以面值为计算基础。②分子不同。到期收益率的分子包括利息与资本利得(成本与面值之差),是考虑债券投资的全部收益,而票面利率的分子仅仅是利息,是考虑债券的利息收益。

第四章

利率风险管理

学习目标

1. 掌握度量利率风险的各种方法。
2. 掌握久期和凸性。
3. 理解 VaR 和 OAS 的概念。

引导案例

近几年,中债指数、中债新综合指数持续上涨。据中央国债登记结算公司年报披露,2014年,全年债券市场共发行各类债券11.87万亿元,较2013年增加3.17万亿元,同比增长36.47%。同时,债券市场总托管量达到35.64万亿元,比2013年末增加6.16万亿元,同比增幅为20.9%。但与此同时,债券投资业务与我国宏观经济走势和市场波动息息相关,其中首要的就是利率风险。

目前国债和金融债已成为债券市场交易主体,截至2014年末,这两类债券余额占比超过60%,这些债券90%以上是中长期固定利率债券。2015年央行连续5次降息,使得债券价格不断攀升。在宏观经济走势不明、存款利率上浮扩大等"新常态"下,利率可能出现更加频繁和幅度更大的波动。银行选择的债券投资交易时机或者价格若没有预期到利率的走势,将可能遭受利率上升或下降带来的巨大损失。①

---

① 资料来源:周继龙. 浅析我国中小银行金融机构债券投资风险控制(有删改). 财经纵览,2015(02).

第一节 利率风险的度量

衡量利率风险的关键是对利率反向变动后头寸的价值做出精确估计。估价模型就是用来解决此问题的,如果没有可信赖的估价模型,就没有办法准确衡量利率风险暴露程度。

一般而言,有两种衡量利率风险的方法——完全估价法(Full Valuation Approach)和久期/凸性方法(Duration/Convexity Approach)。此外还有一种方法叫做基点价格法,不过从本质上讲,这种方法是久期的一种特殊表现形式,我们放到最后加以说明。

一、完全估价法

在测算债券头寸对利率风险的暴露程度时,最容易联想到的就是对利率改变后的资产头寸的价值做重新评估。当然这种评估要在假设的利率变动情景下(Scenario)进行。比如,一个投资者可能希望衡量利率瞬间改变100个基点时的利率风险暴露程度。我们把事先假定利率变动情景、然后重新评价债券头寸或债券组合头寸的价值的方法就称做完全估价法。由于可以假设多个情景,所以这种方法又被称为情景分析法。

具体说来,假定有一位投资者拥有面值总额为100万美元、息票利率为9%、20年期的债券(无选择权债券)头寸。按面值为100美元标示的市场价格为134.672 2美元,对应6%的收益率。该笔头寸的总市场价值为1 346 722美元(134.672 2%×100万美元)。接下来投资者要应用完全估价法来衡量利率上升时风险暴露程度,为此,他假定了三个情景:①收益率上升50个基点;②收益率上升100个基点;③收益率上升200个基点。也就是说,债券的收益率从6%上升到6.5%、7%和8%。简单起见,假设用一个收益率折现所有的现金流,即收益率曲线是水平的,那么该投资者持有的债券头寸情况如表4-1。

表 4-1 用完全估价法评估债券头寸在三种情景下的利率风险

当前债券头寸:息票利率9%,20年期无选择权债券

价格:134.672 2

到期收益率:6%

面值总额:100 万

头寸市值:1 346 722.00 美元

情景	收益率改变的基点数	新收益率（%）	新价格（美元）	新市值（美元）	市值变动百分比（%）
1	50	6.5	127.7606	1 277 606	-5.13
2	100	7.0	121.3551	1 213 551	-9.89
3	200	8.0	109.8964	1 098 964	-18.40

对于一个投资组合来讲,也可以使用完全估价法,只不过对于新市值的计算要根据特定情景下该债券改变的基点数来确定,而最终市值变化的百分比是总的投资组合的市值变化的百分比。

一个简单的例子如下:

假定一个投资者有一个由下面两支无选择债券构成的投资组合:①息票利率6%的5年期债券,面值总额为50万美元,按百元面值标示的市场价格为104.3760美元,对应5%的到期收益率,该债券市值为521 880美元;②息票利率9%、20年期的债券头寸,面值总额为100万美元,按百元面值标示的市场价格为134.672 2美元,对应6%的到期收益率,该债券市值为1 346 722美元(134.672 2%×100万美元)。假设情景如下:

表 4-2 三种不同情景

情景	5年期收益率变动(基点)	20年期收益率变动(基点)
1	50	10
2	100	50
3	200	100

表4-3 完全估价法下三种情景的利率风险

两种债券构成的投资组合(均为无选择债券)				
a部分				
债券1:息票利率6%、5年期债券 初始价格:104.376美元 收益率:5%				面值:500 000美元 市值:521 880美元
情景	收益率改变(基点)	新收益率(%)	新价格(美元)	新市值(美元)
1	50	5.5	102.1600	510 800
2	100	6.0	100.0000	500 000
3	200	7.0	95.8417	479 208.5
b部分				
债券2:息票利率9%、20年期债券 初始价格:134.672 2美元 收益率:6%				面值:1 000 000美元 市值:1 346 722美元
情景	收益率改变(基点)	新收益率(%)	新价格(美元)	新市值(美元)
1	10	6.1	133.247 2	1 332 472
2	50	6.5	127.760 5	1 277 605
3	100	7.0	121.355 1	1 213 551
c部分				
投资组合市值 1 868 602.00 美元				
情景	债券1	债券2	投资组合	市值变化百分比(%)
1	510 800	1 332 472	1 843 272	-1.36
2	500 000	1 277 605	1 777 605	-4.87
3	479 209	1 213 551	1 692 760	-9.41

完全估价法的特点是直截了当,只要有一个好的估价模型,并且估计出不同情景之下的投资组合或者单个债券价值的改变,就可以估计出整个头寸的利率风险。需要注意的是情景可以有无数多个,所以测算出来的头寸价值改变的百分比也会有无数多个。

对于拥有多种债券或者包含选择权的复杂债券组成的投资组合而言,完全估价法计算将变得非常耗时。如果利率曲线(利率期限结构)平行移动,投资者需要一种能够直接测知头寸价值如何变动的方法,而不必通过重估整个头寸的价值才能得到结果,这个方法就是"久期"。由于久期的局限性,我们将介绍它的辅助方法"凸性"。

二、久期/凸性法

久期(Duration)也称持续期,是衡量债券价值对利率变动敏感性的近似指标。准确来讲,它是利率变动100个基点,价值变化的近似百分比。而凸性是用来改善久期评估效果的一个指标。用久期/凸性结合起来考察收益率对债券价格变化百分比的影响的方法,叫做久期/凸性法。

债券的久期可以用如下方法估算:

$$D = \frac{V_- - V_+}{2V_0(\Delta y)} \qquad 式(4-1)$$

其中:D 代表久期;

V_- 代表收益率下降 Δy 时债券的价格;

V_+ 代表收益率上升 Δy 时债券的价格;

V_0 代表初始价格;

Δy 代表小数形式的收益率变动。

例如,一支息票利率为9%、20年期、售价134.672 2美元、对应收益6%的无选择权债券。如果收益率下降20个基点,即从6%下降到5.8%,那么价格将上涨到137.588 8美元;如果收益率上升20个基点,价格将下降到131.843 9美元,因此有:$\Delta y = 0.002, V_0 = 134.672\ 2, V_- = 137.588\ 8, V_+ = 131.843\ 9$,于是就有:

$$D = \frac{13.588\ 8 - 131.843\ 9}{2 \times 134.672\ 2 \times 0.002} = 10.66$$

也就是说利率变动100个基点,该债券的价格大约变动10.66%。更严格一点来讲就是:

$$近似价格变化的百分比 = -D \times \Delta y \times 100$$

例如有一支息票利率9%、20年期、价格为134.672 2美元的债券,按照前文所讲其久期为10.66。如果收益率上升10个基点($\Delta y = +0.001$),该债券的近似价格变化百分比为:

$-10.66 \times (+0.001) \times 100 = -1.066\%$

久期的几何解释可以用图 4-1 来说明:

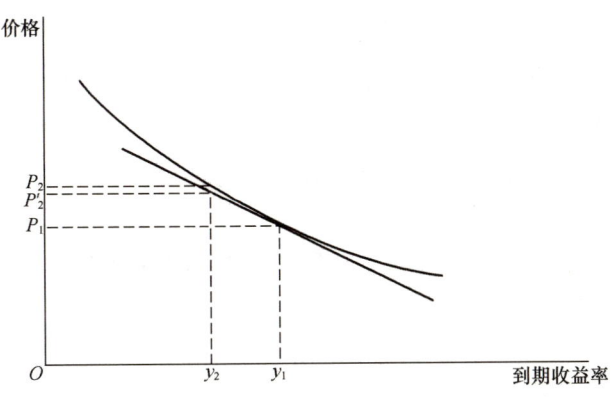

图 4-1 久期的几何解释

如果用短期利率 y 表示到期收益率,当前的短期利率为 y_1,价格为 p_1。当市场利率下降到 y_2 的时候,债券的实际价格应该上升到 p_2,但通过久期的计算,债券价格只上升到了 p'_2。债券的实际价格与估计价格之间的差距为 $p_2 - p'_2$。不过当市场利率变化不是很大的时候,债券的实际价格与利用久期估计出来的债券价格之间差距并不大,所以久期在此种情况下是一个比较好的衡量方法。但是当利率波动较大时,二者的差距就会变得很明显。这也说明了利用久期估计债券利率风险的局限。

关于久期的详细介绍及数学证明将会在第二节介绍。

另外,从图 4-1 可以看出,债券的实际价格与基于久期的估计价格之间的关系在利率上升和下降时是一样的,都是债券的实际价格大于久期估计价格。这说明有一股其他力量向上推动这债券的实际价格,这一力量就是凸性。

债券的凸性值可以用下面的公式近似计算[①]:

---

① 也有定义为 $C = \dfrac{V_+ + V_- - 2V_0}{V_0 (\Delta y)^2}$ 的,此时凸性为债券价值对收益率的二阶导与债券价值之比,本节采用第一种方式定义。

$$C = \frac{V_+ + V_- - 2V_0}{2V_0 (\Delta y)^2} \qquad 式(4-2)$$

其中：C 代表凸性，其余符号含义与久期公式中相同。

例如，假设息票利率为 9%、20 年期、以 6% 收益率出售的债券，如果我们知道收益率变化 20 个基点，那么就有 $V_0 = 134.6722$，$V_- = 137.5888$，$V_+ = 131.8439$，代入公式 4-2 就得到：

$$C = \frac{131.8439 + 137.5888 - 2 \times 134.6722}{2 \times 134.6722 \times 0.002^2} = 81.96$$

给定凸性值，就可以计算出由于债券凸性导致的价格变化近似百分比的调整值（记为 P_c），即有：

$$P_c = D \times (\Delta y)^2 \times 100 \qquad 式(4-3)$$

例如，一支息票利率 9%、20 年期的债券，如果收益率从 6% 上升到 8%，基于久期的近似价格变化百分比的凸性调整值为：

$$81.96 \times (0.02)^2 \times 100 = 3.28\%$$

将基于久期的近似价格变化百分比加上凸性调整值，就可以修正久期的偏差。例如从前例可以知道久期估计的变动百分比为 -21.32%（$-10.66 \times 2 = -21.32\%$），于是有价格变动百分比的总估计值等于久期估计价格变动百分比加上凸性调整值，即：

$$总估计值 = -21.32\% + 3.28\% = -18.04\%$$

这里需注意的一点是，当凸性值为正时，对于利率的大幅度变动（上升或下降），会有债券的实际价格大于基于久期的估计价格，但是如果凸性值为负，我们将有可能会遇到相反的情况。因为从本质上讲，久期实际上是对收益率微小改变的一阶近似值，而凸性是二阶近似，更为具体详细的介绍将在第二节加以说明。

三、基点价格法

基点价格即"一个基点的价格金额"（Price Value of a Basis Point，简称 PVBP），是另外一种衡量价格敏感度的方法。顾名思义，基点价格代表了利率变动一个基点时债券价格的变动量。如果我们用 V_0 代表债券的初始价格，V_1 代表收益率变动一个基点后的债券价格，那么：

$$PVBP = |V_0 - V_1| \qquad 式(4-4)$$

第四章 利率风险管理

在仅仅变化一个基点时,利率改变造成的债券价格的上升或下降的幅度基本相等(利率曲线大致平行移动),所以 V_1 既可以是上升一个基点后债券的价格,也可以是下降一个基点后的债券价格。

在数学上,其严格定义为:

$$PVBP = -\frac{dp/dy}{10000} \qquad 式(4-5)$$

例如,息票利率为9%、20年期、久期是10.66的债券,初始价格为134.672 2美元,收益率为5.99%时的价格为134.825 9美元,收益率为6.01%时的价格为134.528 7美元。于是我们可以得到:

收益率为5.99%的 PVBP = 134.815 9 − 134.672 2 = 0.143 7(美元)

收益率为6.01%的 PVBP = 134.672 2 − 134.528 7 = 0.143 5(美元)

PVBP与久期有关,事实上,PVBP就是债券久期的一个特例。我们知道债券的久期是对利率变动100个基点的近似价格变化的百分比,如果给定初始价格和一个基点变化带来的近似百分比,我们就能计算利率变动一个基点,价格将怎样变化。

接上例,我们很容易计算出利率上升一个基点($\Delta y = 0.000\ 1$)带来的近似价格变化百分比(忽略负号)为:

$$10.66 \times 0.000\ 1 \times 100 = 0.106\ 6\%$$

假定初始价格为134.672 2,用久期计算出的债券价格变化为:

$$0.106\ 6\% \times 134.672 = 0.143\ 5(美元)$$

计算结果与上面所示的该债券的 PVBP 是相同的。

第二节 基于久期和凸性的利率风险管理

一、久期

(一)久期的数学定义

如前文所述,久期是衡量投资组合每单位金额的价格变动。与 PVBP 不同,久期不受头寸金额大小的影响。因此,久期可以衡量证券而不是证券头寸的风险性。

久期[①]的数学定义是:

$$D = -\frac{1}{P}\frac{dP}{dy} \qquad 式(4-6)$$

因为 dP/P 是价格变动的百分率,所以久期可以解释为利率 y 每变动一单位的价格变动百分率。习惯上公式取负号,因为投资组合的价格与利率的变化负相关。

可以证明投资组合的久期是构成证券的久期的加权平均,权重为投资到某一证券金额与投资组合的价值之比,即:

$$D = \sum_{i=1}^{N}\left(\frac{V_i}{V}D_i\right) \qquad 式(4-7)$$

其中:N 为投资组合包含的证券个数;

V_i 为投资到证券 i 的金额;

V 为投资组合的价值;

D_i 为证券 i 的久期。

以表4-4为例,投资组合由 A、B 和 C 三种固定收益证券按照等份数(Shares)构成。

表4-4 投资组合的久期

证券	价格(美元)	权重	久期
A	25	12.5%	3
B	75	35.7%	5
C	100	50%	10
投资组合	200	100%	7.25

(二)麦氏久期与修正久期

由于债券的价格等于其现金流量根据适当的折现率(一般为所在时刻的基准利率)所折现的现值,所以每个现金流产生时候的利率不一定相同,即 r_t 可能各不相同,这样价格方程将会比较复杂。

一个比较古老但普遍的做法是假定利率期限结构呈水平状(Flat Term

---

① 即修正久期。

Structure),且平行移动(Parallel Shifts),这相当于假定各期的现金流量都是以相同的利率来折现。

现在考虑某固定收益证券,它在 T 年后到期,每半年发生一次固定的现金流量,第 t 期(即第 $t/2$ 年)的现金流量为 $c_{t/2}$。按照上述假定,则该固定收益证券的价格为:

$$P = \sum_{t=1}^{2T} c_{t/2} \left(1 + \frac{r}{2}\right)^{-t}$$

两边对 r 求一阶导数,并乘以 $-1/P$,我们容易得到:

$$-\frac{1}{P}\frac{dP}{dr} = \frac{\sum_{t}^{2T} \frac{t}{2}(c_{t/2}) \left(1 + \frac{r}{2}\right)^{-t}}{P\left(1 + \frac{r}{2}\right)}$$

左边即对久期的定义,事实上这就是所谓的"修正久期公式",将其记做 D_{mod},即:

$$D_{\text{mod}} = \frac{\sum_{t}^{2T} \frac{t}{2}(c_{t/2}) \left(1 + \frac{r}{2}\right)^{-t}}{P\left(1 + \frac{r}{2}\right)}$$

其中 $(c_{t/2}) \left(1 + \frac{r}{2}\right)^{-t}$ 是 $t/2$ 年现金流量的现值。这个现值乘以 $t/2$,可以称做经过时间加权的现值(Time-weighted Present Values)。所以修正久期的一种理解方式为:经过时间加权的现金流量现值的总和,再除以价格的 $(1 + r/2)$ 倍。

麦考利久期(Macaulay Duration,记为 D_{Mac})与修正久期有着简单的关系:

$$D_{\text{Mac}} = \left(1 + \frac{r}{2}\right)D_{\text{mod}} \qquad \text{式}(4-8)$$

因此麦氏久期是经过时间加权的现金流量现值之和与债券价格之比。

由于 $D_{\text{mod}} = (-1/P)dP/dr$,所以麦氏久期也可以表示为:

$$D_{\text{Mac}} = -\left(1 + \frac{r}{2}\right)\frac{1}{P}\frac{dP}{dr} = -\frac{dP/P}{dr/(1 + r/2)} \qquad \text{式}(4-9)$$

由于修正久期和麦氏久期衡量的是相同的对象,二者并没有优劣之分。具体在估计价格变动量时,修正久期运用比较方便。比如假定债券的价格为 100 美元,收益率为 8%,修正久期为 5,麦氏久期为 $5 \times (1 + 0.08/2) = 5.2$。如果收益率上升 10 个基点,那么用修正久期来计算即为 $5 \times 0.001 = 0.5\%$,因为价格为 100 美元,所以价格大约下跌 0.5 美元。用麦氏久期计算的话,收益率上升 10 个基点,则从 8% 上升到 8.1%,上升百分率为 $0.001 \times (1 + 0.8/2) = 0.0962\%$。将这个百分率乘以麦氏久期 5.2,得到价格变动 0.5%。可见结果是一样的。

(三)修正久期与有效久期

业内人士使用的一种久期形式是修正久期。修正久期是在收益率改变时债券的预期现金流不变的假设下,收益率变动 100 个基点时,债券价格百分比变化的近似。这样,当收益率改变时,债券价格的改变便单独归因于按新收益率水平折现的现金流。

收益率改变时现金流不变的假设对于无选择权债券是有意义的,如美国财政部对政府债券持有人的偿付金额是不随利率改变而改变的。然而,对于内含选择权的债券(即可赎回债券、可回售债券等)不能这么说,因为对于这些债券,收益率的改变可能很大程度上影响着预期现金流。

因此,此种情况下就必须考虑预期现金流的变化,上节公式里的 V_- 和 V_+ 就不能简单地代入未考虑现金流变化的数据,相应的,本节里的 $c_{t/2}$ 将是个随 r 而改变的量。考虑到该因素并代入新的数据得到的久期就成为有效久期(Effective Duration)。

对于含有选择权的债券来说,更适合的指标是有效久期。

二、凸性

(一)凸性的数学定义

将前文模型里的固定收益证券的价格公式对利率 r 求二阶导数,并除以 P 得到:

$$\frac{1}{P}\frac{d^2 P}{dr^2} = \frac{\sum_{t}^{2T} \frac{t}{2}\left(\frac{t}{2} + 0.5\right)(c_{t/2})\left(1 + \frac{r}{2}\right)^{-t}}{P\left(1 + \frac{r}{2}\right)^2}$$

事实上左侧即是凸性严格的数学定义,右侧是经过时间加权的现金流量现值的总和再除以 $P(1 + r/2)^2$。此处的权重为 $(t/2)(t/2 + 0.5)$。

(二)凸性的性质

本节对于凸性的定义:

$$C = \frac{\sum_{t}^{2T} \frac{t}{2}\left(\frac{t}{2}+0.5\right)(c_{t/2})\left(1+\frac{r}{2}\right)^{-t}}{P\left(1+\frac{r}{2}\right)^{2}}$$

对于零息债券来说，唯有当 $t = 2T$ 时，凸性才不为零（这里假设面值为 1），所以：

$$C = \frac{T(T+0.5)\left(1+\frac{r}{2}\right)^{-2T}}{P\left(1+\frac{r}{2}\right)^{2}}$$

因为 T 年期零息债券的价格为 $P = (1 + r/2)^{-2T}$，所以便得到：

$$C = \frac{T(T+0.5)}{(1+r/2)^{2}}$$

由此可以发现，零息债券的到期期限 T 越大，凸性越大（与到期期限的平方成正比），其价格收益曲线越凸向原点。由于息票债券可以表示为零息债券的投资组合，所以息票债券的到期期限越长，其凸性通常也越大。

事实上对于息票债券，息票利率越小，债券的凸性越大；其他因素不变情况下，收益率越小，凸性越大。具体解释如下：

整理凸性公式后有：

$$C = \sum_{t=1}^{2T} \left[\left(\frac{(t/2)(t/2+0.5)}{(1+r/2)^{2}}\right) \left(\frac{c_{t/2}(1+r/2)^{-t}}{P}\right) \right]$$

对于任何的 t 来说，凸性都可以表示为两项的乘积：第一项是 t 期零息债券的凸性（以 D_t 表示），D_t 的数值随着 t 增加而增加；第二项是权重，它相当于第 t 期现金流量现值占总现金流量现值（P）的比例（以 W_t 表示）。

当票息越小，债券现金流量的现值分配也越着重后期（这是因为最后一期的现金流永远是等于利息加上面值），即前期的 W_t 相对减小，而后期的 W_t 相对增大，而后期的 D_t 越大。因而票息减少，整个加权平均值增大，凸性增大。

当收益率变小，所有的现金流的现值都会增大，但后期的现金流量所受到的影响更大,所以债券现金流量的分配越着重于后期,凸性越大①。

此外,剩余期限越大,债券的凸性通常也越大②。

(三) 修正凸性和有效凸性

和久期一样,第一节里的凸性计算公式里使用的 V_- 和 V_+,第二节里的 $c_{t/2}$,如果是在假定预期现金流不随收益率变化(不随 r 变化而变化)条件下得到的,则被称做修正凸性(Modified Convexity,业内通常将修正凸性简称凸性);如果是在假定预期收益率随着收益率变动而改变的前提下得到的,则被称做有效凸性。

对于无选择权的债券,修正凸性和有效凸性并没有什么差别。但是对于内含选择权的债券,修正凸性和有效凸性之间的差异就很大了。实际上,所有无选择权债券的凸性都是正值。对于含有选择权的债券,修正凸性为正,有效凸性却可能为负。

三、久期免疫与避险

(一) 持续期与平衡点

平衡点是指债券投资者面临的价格风险与再投资收益率风险(严格来说,二者都是利率风险的组成部分)刚好相等,所以投资者获得的收益基本稳定,不论利率如何发生变化。

比如一个投资者在时点0购买票面利率7%的债券,价值1 000美元。债券的期限为10年,1年支付利息1次,投资者的投资期是7.5年。我们可以得出结论:不管时点0利率发生了怎样的变化,在时点7.5,投资者的财富将大致相等。

现在计算在如下几个情景时,时点7.5 投资者的财富:

情景1:假定在时点0,利率为7%不变。

$$W_1 = 70(1.07)^{6.5} + 70(1.07)^{5.5} + \cdots + 70(1.07)^{0.5} + \frac{70}{1.07^{0.5}} + \frac{70}{1.07^{1.5}} + \frac{70}{1.07^{2.5}} = 1\ 661$$

情景2:假定在债券购买(时点0)后,利率立刻下降到4%。

$$W_2 = 70(1.04)^{6.5} + 70(1.04)^{5.5} + \cdots + 70(1.04)^{0.5} + \frac{70}{1.04^{0.5}} + \frac{70}{1.04^{1.5}} + \frac{70}{1.04^{2.5}} = 1\ 668.5$$

---

① 有兴趣的读者可以通过对凸性公式关于 r 求导得到结果。事实上对于久期也有类似两条结论。

② 同样的结论也适用于久期,不过折价极深的息票债券有可能出现相反的情况,具体讨论已超出本书范围。

情景3:假定在债券购买(时点0)后,利率立刻上升到10%。

$$W_3 = 70(1.1)^{6.5} + 70(1.1)^{5.5} + \cdots + 70(1.1)^{0.5} + \frac{70}{1.1^{0.5}} + \frac{70}{1.1^{1.5}} + \frac{70}{1.1^{2.5}} = 1\,667.1$$

可见在时点7.5,投资者的财富值基本相等,原因就在于其面临的价格风险被再投资风险抵消①。

(二)免疫

债券投资的免疫,目标就是让来自投资组合的收益来满足负债的支付,从而在投资之后不用再增加额外的资本。简单来说就是使资产和负债的现金流量相吻合(Cash Matching)。如果对投资品种不加限制的话,免疫目标比较容易实现。

通常免疫主体包括退休基金、保险公司、商业银行等。但是必须加以说明的一点是,免疫是为了预防某种不利情况的发生。如果能够预测未来利率的变化趋势,完全不需要免疫,只需要积极主动的投资策略,以期实现更大的投资收益。如果能够判断利率变化,但不知道利率变大还是减小,则需要进行免疫。当然如果什么都不知道,最好的办法可能是采用被动投资策略,坚持持有债券到期。

久期免疫的原理就是让投资组合与负债的久期相等,这样利率发生变动时,债券价格发生的百分比变动是一样的;同时要求组合的现值与负债的现值相等,这样资产与负债的价格总量是相等的,于是与变动百分比相乘得到的价格总量变化量的绝对值便也是相等的。于是我们有如下的免疫步骤:

(1)计算负债的久期。

(2)选择一个组合,使得该组合的久期等于负债的久期。

(3)选择组合里每个证券的投资数量,使得组合的现值等于负债的现值。

(4)当市场利率发生变化、负债偿还等情况发生时,调整投资组合满足(2)(3)中的条件。

例如,假设1年期债券的票面利率为6%,1年支付1次;4年期债券的票面利率为8%,1年支付1次。收益率为10%。投资者的负债是5年分期付款,每年支付100美元。那么该如何免疫负债呢?

首先计算负债的麦氏久期(当然也可以采用修正久期,这里并不是关注的重

---

① 事实上,平衡点等于麦氏久期,具体讨论超出本书范围,有兴趣读者可以查看更深层次的教材。

点),如下表:

表4-5 负债的久期计算

时间点	现金流	折现因子	PV	$t \times PV$
0	0	1	0	0
1	100	0.909 1	90.91	90.91
2	100	0.826 4	82.64	165.29
3	100	0.751 3	75.13	225.39
4	100	0.683 0	68.30	237.21
5	100	0.620 9	62.09	310.46
总计			379.07	1 029.26

所以,负债的久期为2.7,即:

$$D_{\text{Mac}}^L = 1\,029.26 \div 379.07 = 2.7$$

1年期债券的麦氏久期为1,4年期债券的麦氏久期为3.57,如下表:

表4-6 4年期债券的麦氏久期计算

时间点	现金流	折现因子	PV	$t \times PV$
1	8	0.909 1	7.27	7.27
2	8	0.826 4	6.61	13.22
3	8	0.751 3	6.01	18.03
4	108	0.683 0	73.77	295.58
总计			93.66	334.10

$$D_{\text{Mac}}^{4y} = 334.1 \div 93.66 = 3.57$$

构建一个方程组,设投资于1年期和4年期债券的比重分别为 ω_1 和 ω_2,则按照之前的理论,我们有:

$$\omega_1 + \omega_2 = 1$$
$$1 \times \omega_1 + 3.57 \times \omega_2 = 2.7$$

计算得出 $\omega_1 = 0.336, \omega_2 = 0.664$,因为负债的现值为379.07美元,所以投资

于 1 年期债券 127.37 美元,投资于 4 年期债券 251.7 美元。

(三) 避险

避险(Hedging)是指利用一种证券给另外一种证券的价格变化提供保护。在债券市场,出于有些证券的流动性较差等原因,投资者不想或不能出售这种证券,而他又担心该证券价格下降带来损失,于是就有一种办法:卖空市场中流动性高的另外一种证券。如果市场利率上升,债券价格下降,投资者持有的债券遭受了价格下降的损失,但是与此同时,他卖空另外一种债券会给他带来正的收益。如此,投资者的总体收益便得到了保障。本质上讲避险与免疫是一个原理,只不过前者是为持有的债券做保护,后者是为负债做支付保障。

例如,一个债券做市商拥有 5 年期公司债面值 100 万美元,票面利率 6.9%(半年支付),价格为平价。该债券流动性很差,因此出售该债券会遭受很大损失。而隔夜持有该债券也有很大风险,因为如果市场利率上升,该债券价格会下降。投资者卖空流动性很强的国债来避险。

具体情况是,市场中有下面债券:10 年期、利率 8% 的国债,价格 $P = 1\,109.0$ 美元(面值 1 000 美元);3 年期、利率 6.3% 的国债,价格 $P = 1\,008.1$ 美元(面值 1 000 美元)。考虑如下问题:

(1) 为了避险,应该卖空多少 10 年期国债?如果卖空 3 年期国债,卖空多少?

(2) 如果卖空这两种国债,那么 10 年期和 3 年期国债各应卖空多少?

为了回答问题(1),我们需要进行以下的操作:①找到被避险债券的修正持续期;②找到卖空债券的修正持续期;③找到避险系数。

对于 5 年期公司债券而言,票面利率 6.9%,平价交易。因此 $y = 6.9\%$,修正持续期为 4.168 8。

对于 10 年期国债而言,票面利率 8%,价格 1 109.0 美元。因此 $y = 6.5\%$,修正持续期为 7.005。

对于 3 年期国债而言,票面利率 6.3%,价格 1 008.1 美元。因此 $y = 6.00\%$,修正持续期 2.700。

设 10 年期国债卖空数量为 z,为了保证利率变动 100 个基点时,损失等于收益,则有:

$$7.005 \times z = 1\,000\,000 \times 4.168\,8$$

得 $z = 593\,861.5$。

设 3 年期国债卖空数量为 y，同上有：

$$2.7 \times y = 1\,000\,000 \times 4.168\,8$$

得 $y = 1\,544\,000$。

为了回答问题（2），设 x 为 10 年期国债卖空的比重，那么，为了避险，资产和负债的久期应该相等，即：

$$7.005x + (1-x)2.7 = 4.168\,8$$

得：$x = 34.12\%$，$1 - x = 65.88\%$。

10 年期国债卖空比重为 34.12%，即 34.12 万美元；3 年期国债卖空比重为 65.88%，即 65.88 万美元。

（四）凸性引入与利率风险规避的理论解释

久期效应、凸性效应和时间效应是存在一定平衡关系的[①]，之前我们的讨论追求高凸性都是建立在未考虑时间效应的前提之下，事实上凸性利益与时间效应是一对矛盾体。我们可以通过随机微分的知识得到如下结论[②]：

$$\frac{1}{2}\sigma_r^2 \frac{C_{\text{Mac}}}{(1+r)^2} - [\mu_r - \lambda\sigma_r]\frac{D_{\text{Mac}}}{(1+r)} + (\theta - rp)\frac{1}{p} = 0 \qquad \text{式}(4-10)$$

其中：σ_r 是单位时间利率变化的标准差；

μ_r 是利率 $r(t)$ 单位时间变化的期望值；

λ 是对于全部证券来讲共同的风险价格；

θ 是时间效应衡量指标。

由于债券避险策略是资产的久期与负债的久期相等，为了回避资产凸性和时间效应风险，我们对资产和负债都代入上述公式并相减便得到：

$$\frac{1}{2}\sigma_r^2 \frac{p}{(1+r)^2}(C_{\text{资产}} - C_{\text{负债}}) = \theta - \theta \qquad \text{式}(4-11)$$

即在资产与负债的久期相等前提下，当资产的凸性大于负债的凸性时，负债的时间效应要大于资产的时间效应，并且有明确的配比关系。

[①] 时间效应用 $-\theta \times t$ 表示。其中：t 代表时间的变化长度。θ 值可以理解为时间在变而到期收益率曲线不变的情况下，零息债券价格上升的程度；或者对于零息债券来说，θ 是折现函数的负斜率。

[②] 参见 Christensen, P. O. & Sorensen, B. G. Duration, Convexity and Time Value. *Journal of Portfolio Management*, Winter. 1994.

如果资产与负债的凸性固定,且资产的凸性大于负债的凸性,那么资产负债的时间价值的差额就是利率波动的函数。具体而言,利率变化越大,即利率的方差 σ_r^2 越大,凸性的净贡献也越大,因此时间价值之差($\theta_{负债} - \theta_{资产}$)也越大,即一方面损失会被另一个方面的收益抵消。

(五)关于久期、凸性与风险管理的基本结论

第一,如果资产组合与负债的久期相等,凸性也相等,那么资产与负债的时间效应也相等。因此,不管利率发生怎样的变化,投资者在整个时间段内,都可以不用额外加入投资保持资产负债抵消,回避了利率变化风险,也回避了利率不变的风险。

第二,通常要不断调整债券组合,才能使资产的久期等于负债的久期。但是在凸性也匹配时,二者在价格与收益率坐标里的图形是"曲线平行"的,因此可以减少上述调整。

第三,当投资者对利率的未来趋势有自己的判断后,希望自己的组合存在一定风险,那么就可以使凸性成为久期的一个重要补充。例如,投资者可以根据利率预测设置一个高的组合久期,并设置高的凸性,使得投资者在利率下降时获得更大的收益,而在利率上升时损失却下降。当然这一策略要求投资者能对利率未来趋势做出判断。

第四,当投资者只能判断未来利率发生变化,但不知道上升还是下降时,凸性也是有用的。如果投资者预期利率波动很大,则可以选择高凸性的组合,因为凸性利益将超过时间价值的损失。如果投资者要回避利率风险,当然应该选择低久期的组合。而当投资者认为市场利率很稳定、根本不会发生太大变化时,可以选择一个低凸性的组合,让其资产与负债的综合凸性为负,可以获得较大的时间价值而获利。

第三节 基于 VaR 和 OAS 的利率风险管理

一、VaR 方法风险管理

VaR 也称在险价值,最初是由 J. P. 摩根公司对其银行业务的风险控制需要提出的,巴塞尔协议中已经把 VaR 方法作为标准内部模型法。目前 VaR 系统开始覆盖越来越多的金融工具,而且通过扩展原来针对市场风险开发的 VaR 方法,使得它可以处理更多的其他风险,比如信用风险和操作风险等。如今,巴塞尔银行监督委员会、美联储、欧盟都把 VaR 作为风险度量和风险披露的通用工具之一。

(一)VaR 的定义

在险值(Value at Risk,VaR)是指在市场正常波动时,给定置信水平 $\alpha\%$,某资产或资产组合的价值在未来一定期限内最大可能的预期损失。例如:一项资产在 99% 的置信水平下,期限 10 天的 VaR 为 1 000 万美元。也就是说,该资产在未来 10 天内的损失有 99% 的可能性不会超过 1 000 万美元;或者说,该资产在未来 10 天内损失只有 1% 的可能会超过 1 000 万美元。

如果用数学语言表达,即置信水平为 $\alpha\%$,那么 VaR 就是该分布的尾部水平 $1-\alpha\%$ 的分位数,表达如下

$$P(\Delta V < -VaR) = 1 - \alpha\% \qquad 式(4-12)$$

其中:ΔV 表示资产价值在给定期限内的变动;

P 表示概率。

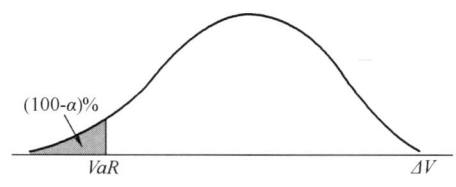

图 4-2 VaR 的几何解释

置信水平和期限是计算 VaR 的两个重要参数,在其他条件相同时,置信水平越大、期限越长,VaR 就越大。不过这两个参数的选择目前没有一个统一的标准,具体数值取决于使用者的需求或偏好。

在独立分布的假设下,不同期限的 VaR 可以通过如下公式转换:

$$\text{VaR}_N = \text{VaR}_M \times \sqrt{\frac{N}{M}} \qquad \text{式}(4-13)$$

其中:VaR_N 代表 N 天的 VaR。

(二)常用的 VaR 方法

计算组合 VaR 的核心问题就在于如何得到资产价值或收益率的概率分布,其方法主要可以分为两大类:参数解析法和模拟法。

参数解析法通常假定资产价值由一系列的风险因子决定,且风险因子的变动服从某个已知分布,之后运用敏感性分析方法得到资产价值变动与各个风险因子的近似关系,从而求得资产近似的 VaR。按照所用的敏感性指标不同,参数解析法又可以分为仅考虑线性关系的 Delta 正态近似法和引入二阶非线性关系的 Delta/Gamma 近似法。

与参数解析法不同,模拟法采用模拟技术,首先通过一定的方法模拟风险因子在未来的各种可能情景,然后根据资产价值与风险因子的关系,使用完全估值的方法,得到在不同情景下资产的价值,从而得到资产价值分布的模拟进而求得资产的 VaR。按照模拟方法的不同,模拟法又可以分为历史模拟法和蒙特卡罗模拟法。

1. Delta 正态近似法

设资产组合的价值 V 由 n 个风险因子 $S_i(i = 1,2,\cdots,n)$ 决定,满足 $V_t = V(S_{1,t},\cdots,S_{n,t})$,并假设各个因子在短时间内(如一个交易日)的变动率服从均值为零的联合正态分布,即满足:

$$r \sim N(0, \Sigma) \qquad \text{式}(4-14)$$

其中:$r_i = \dfrac{\mathrm{d}S_i}{S_i}, r = (r_1,\cdots,r_n)$;

Σ 表示各风险因子变动率的方差协方差矩阵。

由于 Delta 正态近似法仅考虑组合价值与风险因子之间的一阶线性关系,将资产组合价值和风险因子之间的关系近似地表示为线性的,此时资产组合的价值变

动本身也服从正态分布,这在很大程度上方便了资产组合 VaR 的求解。令:

$$\Delta_i = \frac{\partial V}{\partial S_i} \qquad 式(4-15)$$

Δ_i 表示组合价值对风险因子 S_i 的一阶敏感系数,那么在正态近似法的假设下,根据泰勒展开式的一阶近似,组合价值变动可近似地表示为:

$$dV = \sum_{i=1}^{n} \Delta_i dS_i = \sum_{i=1}^{n} \Delta_i S_i r_i \qquad 式(4-16)$$

为了求组合的 VaR,我们对上式两端求方差,即有:

$$\sigma_{dV}^2 = \sum_i \sum_j \rho_{ij} \Delta_i \Delta_j S_i S_j \sigma_{r_i} \sigma_{r_j} \qquad 式(4-17)$$

其中:σ_{r_i} 表示 r_i 的标准差;

ρ_{ij} 表示 r_i 和 r_j 之间的相关系数。

这样,根据此式我们就可以求出资产组合在 $\alpha\%$ 的置信水平下、1 天的 VaR 值为:

$$VaR = -N^{-1}(1-\alpha\%)\sigma_{dV} = -N^{-1}(1-\alpha\%)\sqrt{\sum_i \sum_j \rho_{ij} \Delta_i \Delta_j S_i S_j \sigma_{r_i} \sigma_{r_j}}$$

$$式(4-18)$$

其中:$N^{-1}(1-\alpha\%)$ 表示标准正态分布对应左尾 $1-\alpha\%$ 的分位数。

如果用 VaR_i 表示风险因子 S_i 的 VaR 水平,即 VaR_i 满足:

$$VaR_i = -N^{-1}(1-\alpha\%)S_i \sigma_{r_i} \qquad 式(4-19)$$

那么通过公式 4-18 同样容易求得组合的 VaR 与各风险因子的 VaR 之间的关系:

$$VaR = \sqrt{\sum_i \sum_j \rho_{ij} \Delta_i \Delta_j VaR_i VaR_j} \qquad 式(4-20)$$

在很多情况下,我们都是把组合中包含的某些资产价格 S_i 作为风险因子。然而,在固定收益证券领域,到期收益率(YTM)与债券价格存在一一对应关系,并且到期收益率经常比债券价格有更好的性质,因此我们也经常分析将到期收益率 y_i 作为风险因子的情况,此时计算组合的 VaR 就需要先进行转换。由于债券价格 S_i 与到期收益率 y_i 之间满足:

$$dS_i = -D_i S_i dy_i \qquad 式(4-21)$$

其中:D_i 表示债券的修正久期。

对公式 4-21 简单变形,可得:

$$\frac{\mathrm{d}S_i}{S_i} = -D_i y_i \frac{\mathrm{d}y_i}{y_i} \quad \text{式}(4-22)$$

根据公式 4-22，可以得到债券价格变动率的波动率与到期收益率变动率的波动率之间的关系为：

$$\sigma_{r_i} = D_i y_i \sigma_{\mathrm{d}y_i/y_i} \quad \text{式}(4-23)$$

其中 $\sigma_{\mathrm{d}y_i/y_i}$ 表示到期收益率变动率的标准差。

这样，如果把到期收益率作为风险因子，通过公式 4-23 的转换，我们同样可以计算出组合的 VaR。

可见，对于 Delta 正态法，要计算组合的 VaR，关键在于求出资产组合价值对各个风险因子的敏感性指标 Δ_i 以及风险因子的方差协方差矩阵 Σ。对于只包含普通债券、利率远期、利率互换等产品的组合，由于它们都可以分解为一系列零息票债券组合，我们通常用映射技术把资产组合的价值映射到几个关键期限的零息票债券上，并把这些关键期限的零息票债券的价格或即期利率作为风险因子，这样组合价值的变动就是这些风险因子变动的线性组合。通过把组合价值分解为各个期限上的头寸以及对风险因子方差协方差矩阵的估计，我们就可以根据公式 4-18 计算出组合的 VaR，此时 Delta 正态近似法就是一种快速有效的计算方法。

然而，如果组合中含有期权类产品，组合的价值和风险因子的关系呈现较大非线性，此时如果因子变动较大，那么只考虑线性关系的 Delta 正态近似法就显然过于简化。

Delta/Gamma 近似法在 Delta 正态近似法上引入了二阶 Gamma 项，是对 Delta 正态近似法的一个改进。

2. Delta/Gamma 近似法

同样假设组合与风险因子之间满足关系 $V_t = V(S_{1,t}, \cdots, S_{n,t})$，为了考虑资产组合与风险因子之间的二阶关系，令：

$$\Gamma_{ij} = \frac{\partial^2 V}{\partial S_i \partial S_j} \quad \text{式}(4-24)$$

那么，根据泰勒展开式二阶近似，资产组合价值的变动就可近似表示为：

$$\mathrm{d}V = \sum_{i=1}^{n} \Delta_i \mathrm{d}S_i + \frac{1}{2} \sum_i \sum_j \Gamma_{ij} \mathrm{d}S_i \mathrm{d}S_j$$

$$= \sum_{i=1}^{n} \Delta_i S_i r_i + \frac{1}{2} \sum_i \sum_j \Gamma_{ij} S_i S_j r_i r_j \quad \text{式}(4-25)$$

可以看到,由于引入了二阶项,即使风险因子的变动率仍服从正态分布,资产组合价值变动也不再服从正态分布。此时,求解组合 VaR 不仅仅要考虑组合变动的均值和方差,还需要考虑更高阶项。运用 Cornish/Fisher 展开式①,我们可以得到组合变动的均值 μ_{dV}、方差 σ_{dV}^2 和偏度系数 ξ,通过偏度调整后就可以得到 $\alpha\%$ 的置信水平下资产组合的 VaR:

$$\text{VaR} = -\mu_{dV} - \left[z_\alpha + \frac{1}{6}(z_\alpha^2 - 1)\xi\right]\sigma_{dV} \qquad 式(4-26)$$

其中 $z_\alpha = N^{-1}(1 - \alpha\%)$,表示标准正态分布左尾 $1 - \alpha\%$ 的分位数。

可以看到,由于引入了二阶项,Delta/Gamma 近似法可以更好地捕捉组合与风险因子之间的非线性关系,然而也使 VaR 计算的复杂性大大增加,所需的计算量随风险源个数增加呈几何级数增长,因此在实际中对于风险源个数较多的情况往往并不适用。

3. 历史模拟法

历史模拟法是一种较为简单和直观的 VaR 计算方法。该方法没有对风险因子做任何具体分布的假定,而是假定风险因子的变动是一种简单的重复历史的过程,因而我们就可以用历史变动来模拟因子未来的变化情景,然后再根据组合与因子之间的关系计算组合的 VaR。历史模拟法的主要实施步骤如下:

第一,确定影响组合价值变动的 n 个风险因子 $\{S_i\}_{i=1\cdots n}$,以及组合与风险因子之间的关系式 $V_t = V(S_{1,t},\cdots,S_{n,t})$。

第二,选定历史观察期(如半年),并记录在每个观察期内各风险因子的变动情况。事实上,历史观察期个数的选取就决定了我们对风险因子未来变动模拟的次数。

第三,根据风险因子当前值及第二步的结果来模拟各种历史情景下风险因子未来一期的值。如果假设当前时期为 t,模拟 $t+1$ 期的值,历史观察期选为时期 $t-N$ 至 t,用 $S_{i,t-m}$ 表示因子 S_i 在第 $t-m$ 时期的观察值,那么因子 S_i 在 $t+1$ 时期的第 m 种历史情景下模拟结果为:

$$S_{i,t+1}^m = S_{i,t}\frac{S_{i,t-(m-1)}}{S_{i,t-m}} \qquad (m=1,\cdots,N) \qquad 式(4-27)$$

---

① 对该方法详细内容的讨论已超出本书范围,有兴趣的读者可参考 Hull(2006)的文献。

第四,根据每种历史情景下风险因子的模拟值计算出对应情景下组合的价值。即根据第三步的模拟结果,计算组合价值在 $t+1$ 时刻的第 m 种历史情景下的变化为:

$$dV_{t+1}^m = V_{t+1}^m - V_t = V(S_{1,t+1}^m, \cdots, S_{n,t+1}^m) - V_t \quad (m=1,\cdots,N) \quad 式(4-28)$$

第五,根据第四步的结果,对组合价值变化的 N 个模拟结果 $dV_{t+1}^m(m=1,\cdots,N)$ 由小到大进行排序,然后根据给定的置信水平找到对应的分位数就得到了组合的 VaR。

历史模拟法的优点是显而易见的:首先它无需对因子的分布做任何假设;其次,它是一种非参数方法,避免了对因子建模及对方差协方差矩阵等参数的估计,从而避免了模型风险和参数估计风险;最后,历史模拟法是一种完全估价法,可以更准确地处理非线性关系的情况。

然而,历史模拟法也存在一定的局限性:首先,模拟次数受到历史样本数量的限制,如果历史样本数据有限,那么该方法就无法有效地进行,并且模拟结果对历史数据长度和质量都较为敏感;其次,历史模拟法的可靠性依赖于历史分布对未来分布的近似程度,而现实中历史分布与未来分布常常出现较大差异,这就很大程度上降低了历史模拟法的优势;最后,历史模拟法在处理复杂的投资组合时,往往必须采用简化的方法,此时就可能会失去其完全估价法的优势。

4. 蒙特卡罗模拟法

蒙特卡罗模拟是一种最为流行的模拟方法。如同参数解析法一样,蒙特卡罗模拟法首先对风险因子的分布做了一定的假设,通常假定为联合正态分布(但不限于正态分布),然后采用蒙特卡罗模拟方法对风险因子未来变化情景进行模拟,并计算出对应的组合价值,把各种情景下的组合价值从小到大排列就形成了组合价值未来的分布,根据置信水平寻找分位数就可以求出 VaR。具体来看,蒙特卡罗模拟法的实施步骤如下:

第一步,确定影响组合价值变动的 n 个风险因子 $\{S_i\}_{i=1\cdots n}$ 以及组合与因子之间的关系式 $V_t = V(S_{1,t},\cdots,S_{n,t})$。

第二步,对各个风险因子变动率 r 的联合分布做一定假设,并根据历史数据估计出该分布的各个参数。

第三步,根据第二步的分布对风险因子变动率进行随机抽样,产生风险因子在

$t+1$ 时刻的一组模拟值 $(S_{i,t+1}^m)_{i=1,\cdots,n}$。

第四步,根据第三步中产生的风险因子模拟值计算出对应情景下组合价值的变动:

$$dV_{t+1}^m = V_{t+1}^m - V_t = V(S_{1,t+1}^m, \cdots, S_{n,t+1}^m) - V_t \qquad 式(4-29)$$

第五步,不断重复第三步和第四步,得到 N 种情景下组合价值的模拟值,并按从小到大进行排序,就得到了组合价值未来分布的一个模拟。

最后,根据给定的置信水平选定分位数,求得对应的 VaR 值。

可以看出,蒙特卡罗模拟法在某种程度上是参数解析法和历史模拟法的结合,因此具有较大的优势。

第一,相对于历史模拟法而言,蒙特卡罗模拟采用的是随机抽样的形式,因此可以进行大量的模拟,而无需受到历史数据样本数量和质量的限制。

第二,相对于参数解析法而言,蒙特卡罗模拟法采用的是完全估值法,可以更精确地处理非线性问题。

第三,在风险因子分布假定上,蒙特卡罗法可以根据经验假设更合适的分布,而无需限制在正态分布的假定上,并且也可以方便地处理波动率的时变性、分布的结构性变化等各种复杂的情形。

正是由于这些特点,蒙特卡罗模拟法目前被认为是计算最灵活准确的方法,应用也最为广泛。然而,高精确性要以高的计算成本为代价。蒙特卡罗模拟法最大的局限就在于其计算复杂和耗时长。特别是对于复杂的资产组合,可能在计算组合价值时本身就需要模拟,形成了模拟中套模拟,最终甚至可能会由于过度复杂导致无法实施。此外,蒙特卡罗模拟法假定了因子的具体分布形式,并且在计算组合价值时采用了特定的定价模型,这两者都会造成该方法存在一定的模型风险和参数估计风险,这也是蒙特卡罗模拟法的局限性之一。

二、OAS 方法风险管理

在债券的传统分析中,到期收益率以及基于到期收益率的利差,往往是人们分析债券风险收益关系的重要指标。然而,随着利率波动的加剧和含权债券的蓬勃发展,到期收益率及其利差指标的内在缺陷日益凸显:首先,到期收益率假定未来所有时刻的即期利率都相等,显然和实际中利率期限结构存在多种形状的现实不符;其次,由于在含权债券中可能包含着发行者的期权(如可赎回或可提前偿付的债券)或是投资者的期权(如可回售债券),未来利率的波动可能会改变未来债券的现金流(债券可能部分或全部提前偿还本金),而到期收益率并未考虑这一不确定性,从而基于到期收益率的传统久期、凸性等指标也不再适用于期权类产品的风险管理。

因此,随着市场中的含权债券的日益增多和日趋复杂,投资者开始广泛使用一个综合考虑了期限结构和内含期权影响的收益率指标——期权调整利差(Option Adjusted Spread, OAS),用以替代到期收益率对含权债券的定价和风险管理进行分析。尤其在抵押贷款支持类证券(MBS)中,由于其所含的期权相当复杂,OAS方法已经成为此类债券的重要定价和分析管理模型之一。而基于此计算的有效久期和有效凸性,也替代了传统的久期和凸性,成为此类产品重要的风险管理指标。

(一) OAS 的定义及理解

下面通过对比同一家公司发行的其他条件相同的可回售债券 A 与普通债券 B 为例来介绍 OAS。由于 A 含有回售期权,该期权价值一定大于 0,因此 A 的价格一定高于 B,相应的 A 的到期收益率就低于 B,这样我们就无法从这两种债券到期收益率的高低来判断投资哪支债券更合算。如果我们把 A 的到期收益率剔除掉所包含的期权价值,得到不含权的收益率,从而就能跟 B 对比。A 不含权到期收益率与 B 到期收益率之差就是期权调整利差(OAS)。

因此,所谓 OAS 是指根据内含期权调整未来的现金流之后,为了使债券未来现金流的贴现值之和正好等于债券当前的市场价格,基准利率期限结构需要平行移动的幅度。

从数学上看,需要通过对如下方程进行单变量求解得到:

$$P_{market} = \frac{1}{N}\sum_{n=1}^{N}\sum_{t=1}^{T}\frac{CF_{t,n}}{\prod_{i=1}^{t}(1+r_{i,n}+OAS)} \qquad 式(4-30)$$

其中:P_{market} 表示含权债券的市场价格;

N 表示未来利率变动可能的路径数目;

T 表示债券的期限;

i 表示模拟时间间隔点;

$r_{i,n}$ 表示对应时间和路径上的短期基准利率水平;

$CF_{t,n}$ 表示 t 时刻在第 n 条路径上的期权调整后的现金流。

容易发现,OAS 是一个平均值的概念,对每个结点上的利率都使用了同一个 OAS 值进行调整,反映的是市场价格相对于理论价格隐含的一个贴现率平均调整水平。

对于 OAS 经济含义的理解,有的读者可能会理解为 OAS 是用利差来表示内含期权的价值,但实际并非如此。因为从定义中我们可以看到,计算所用的未来的现金流经过了期权影响的调整,因此 OAS 表示的是在剔除了期权影响后含权债券收益率相对于基准利率的利差。如果我们定义静态利差为含权债券在不考虑未来现金流对期权的调整,即假设未来现金流是确定不变的情况下,债券的收益率相对于基准利率的差额,那么 OAS、静态利差以及用利差表示的内含期权价值这三者之间满足以下关系:

静态利差=OAS+期权价值

可见,静态利差表示含权债券相对于基准利率的总利差,OAS 则表示总利差在剔除了期权价值后剩余的部分,这部分利差主要包含了两方面的综合:

第一,剔除期权影响后对投资者承担的风险的补偿。这里的风险主要包括该债券相对于基准利率的信用风险和流动性风险等,还包括计算过程中由于使用了特定模型及参数产生的模型风险。

第二,OAS 中包含了债券被错误定价程度的信息。OAS 的大小反映了债券的相对昂贵程度,理论上讲,如果在考虑了所有风险补偿后,OAS 仍然不等于零,那么就说明了该债券存在错误定价。然而,由于现实中很难准确剔除各种风险溢酬,因此一般都采用比较的方法,通过比较具有相似风险债券之间的 OAS 大小,来确定各种债券间相对的错误定价程度。比如如果一个含权债券的 OAS 比较大,说明其价格相对低估,或许是值得买入的债券。

(二)OAS 的计算

相对于传统收益率指标,OAS 的计算过程较为复杂,因为其计算过程要考虑未来利率的变动对现金流的影响,因此需要依赖于复杂的动态利率模型和数值方法,具体过程如下:

(1)选定某一动态利率模型来刻画短期基准利率的变动过程,然后估计出模型中的参数,并用树图或蒙特卡罗模拟等数值方法生成基准利率未来的可能路径。

(2)根据债券中所含期权的性质,分别计算每个结点上对应不含权债券及内含期权的价值,从而求得含权债券的理论价格。

(3)若步骤2中得到的债券理论价格不等于市场价格,则把原路径中每个利率结点都加上一定量的利差水平(尝试的OAS值)得到新的利率路径图,并利用新的利率路径图重新定价。不断调整该利差水平,直到最终计算出的理论价格等于市场价格,此时对应的利差水平就是OAS。

为了更好地理解OAS的含义和计算方法,下面我们通过一个例子来具体实现以上步骤。

假设市场上存在一个4年期可赎回国债,当前市场价格为$100.20,该债券的息票率为4%,每年支付一次利息,并且债券发行人有权在债券到期的前一年以面值赎回该债券。我们用BDT模型为该债券定价,并根据以上步骤求解OAS。

设当前作为模型输入的市场零息债的到期收益率(连续复利)期限结构及其波动率期限结构如表4-7所示。

表4-7 零息债到期收益率和波动率期限结构

期限(年)	1	2	3	4
利率(%)	3.10	3.20	3.40	3.60
波动率(%)		15.00	13.00	12.00

第一步,根据BDT模型的基本思想和表4-7的数据输入估计出模型的参数,得到基准利率树图,如图4-3所示。其中每个节点上的值表示该时刻的一年期利率(连续复利),第一个节点表示当前时刻,前后节点之间的时间间隔为1年。

第二步,根据短期利率树图分别计算每个结点上对应不含权债券及内含期权的价值,并以此计算含权债券的理论价格。该债券内含期权可理解为期限为3年、行权价为$100的欧式看涨期权,根据倒推法,我们得到每个结点上的不含权债券价值(除息)及内含期权价值图,如图4-4所示。计算得该可赎回债券当前理论价格为 101.29 - 0.16 = $101.13。

第三步,由于计算得到的理论价格为$101.13,大于市场价格$100.20,因此需

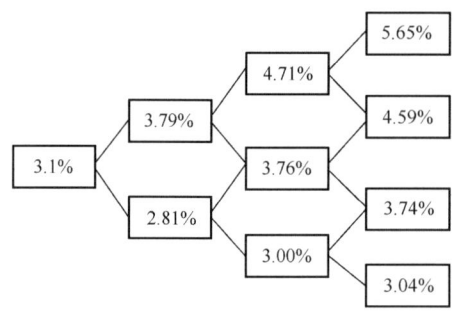

图 4-3 短期利率二叉树图

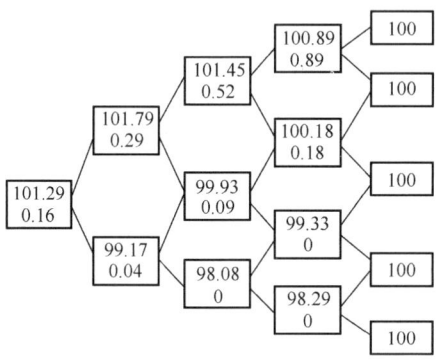

图 4-4 不含权债券及内含期权的价格树图

要对利率树图进行调整,在每个结点上都加上一定的利差,并重新计算理论价格。不断调整该利差水平,直到理论价格等于市场价格,最终得到的 OAS 为 27 个基点,新的理论价格为 100.27 - 0.10 = \$100.17,在误差范围内可以认为等于市场价格,对应的根据 OAS 调整的利率树图和价格树图分别为:

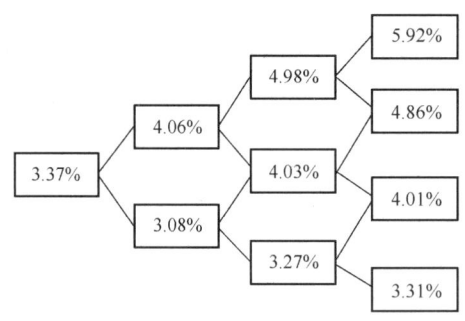

图 4-5 根据 OAS 调整的利率树图

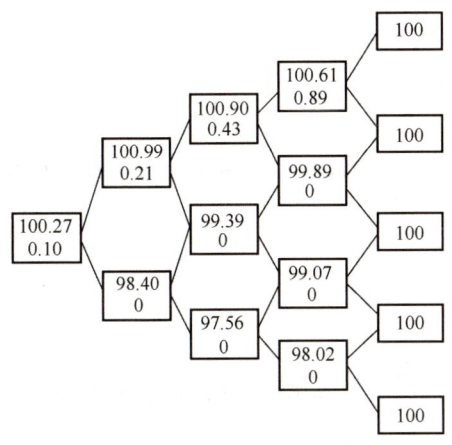

图 4-6　根据 OAS 调整的价格树图

(三) 基于 OAS 的风险管理

在前文中,为了应对复杂固定收益产品的风险管理,我们引入了有效久期和有效凸性的概念,它们分别由公式 4-1 和公式 4-2 给出。在这里,我们着重介绍如何计算基于复杂利率产品的有效久期和有效凸性,而这也正是 OAS 最重要的应用之一。

以含权债券为例,计算其有效久期和有效凸性,关键在于计算 V_- 和 V_+,即当基准利率分别下降和上升 Δy 时的债券价格。要计算 V_- 和 V_+,我们首先计算出该债券的 OAS,然后在 OAS 不变的假设下重新计算利率平移后的价格。同样地,计算有效久期和有效凸性的整个过程也依赖于一定的动态利率模型和数值方法,具体步骤如下:

(1) 根据一定的利率模型计算含权债券的 OAS。

(2) 将基准利率期限结构向下(上)平移一定的基点 Δy,并以此为基础重新估计利率树图。

(3) 将新树图中的每个短期利率结点都加步骤(1)中得到的 OAS。

(4) 根据步骤(3)得到的调整的利率树图分别计算 V_- 和 V_+。

(5) 根据公式 4-1 和公式 4-2 计算有效久期和有效凸性。

可见,有效久期和有效凸性的计算都依赖于不变的 OAS 水平,因此它们也常常被称为期权调整久期和期权调整凸性。

关键词

利率风险　　久期　　凸性　　在险价值　　期权调整利差

扩展阅读

利率难以趋势性下行，债市投资者宜缩短久期①

有观点认为，汇率贬值利空债券，汇率升值利多债券。笔者认为，这个观点方向看反了，事实正好相反。

过去人民币资产是被套利方，美元是货币融出方。资产端要赚钱，负债端要便宜，这是套利维系的基础。从内部来看，企业过去的资产未产生盈利，存量债务会耗损所有者权益，解决的话要么依靠土地、资产注入和财政补贴，要么继续加杠杆，即希望通过新的资产化和盈利化解存量债务。加杠杆是具有棘轮效应的，如果强调去杠杆、去产能，可能意味着资产的风险溢价快速上升。从外部来看，美元预期强势和融资利率上升影响到套利资金的负债成本，但核心原因仍是资产端赚钱效应低。

汇率贬值和利率下行经常同时发生。如今在监管层稳增长政策扶持及海外央行竞相宽松的背景下，资产端风险溢价推动汇率升值。汇率升值对债券市场来说不一定是好事，毕竟之前多少赚了避险的钱，现在风险偏好回升，可能会有获利回吐的压力。

股市去杠杆后，债市成为资金围猎的对象，这一轮牛市主要以杠杆牛为基础展开。从基本面看，2015年第三、第四季度我们并没有看到名义经济增速加速下行，以7天质押回购利率为代表的短端利率水平也没有看到显著下降，似乎也看不出货币政策有主动宽松的意图，以3个月Shibor衡量的机构负债成本同样居高不下。

但现在的问题在于，期限利差太窄了，杠杆套息的空间并不是太大，杠杆牛持

---

① 资料来源：李奇霖. 利率难以趋势性下行，债市投资者宜缩短久期. 经济参考报，2016-02-26.

续的话,需要央行将短端利率打到更低的水平。问题是,央行有动力把短端利率打得更低吗?我们不敢说得太绝对,但短期确实也没有找到足够的证据央行会这样做。

首先,如果继续主动压低短端利率,给予债市更宽阔的套息空间,或会滋生更强的杠杆盘,一旦未来去杠杆,破坏力更大,积累金融风险。

其次,目前来看,宽信用的格局基本已经确立。1月新增信贷2.51万亿元,创下近五年新高。尽管存在年初早投放早收益的季节性因素,也存在票据利率上升时银行加大票据投放规模的非常规性事件,但企业部门中长期贷款同样创下万亿元的历史新高。我们认为这主要与1月专项建设基金通过项目资本金撬动信贷有关。

最后,短期来看,库存经历了漫长主动化解后已处于低位,配合财政扩张,大宗商品开始反弹。节后企业存在复产补库存的动力,工业数据短期或有反弹。经济短期看不到加速下行的信号,央行为什么要主动去压低短端利率呢?

但另一方面,维持资金利率稳定和预期稳定又是央行必须做的。因为2009年信贷刺激的是增量,配合当时大规模刺激政策,而现在信贷扩张是促增量和保存量并举:一方面确实信贷扩张与稳增长的项目储备脱离不了关系,但财政扩张初期,如果扰动资金利率则会产生挤出效应,缓释这种挤出效应短期需稳定资金利率;另一方面,前期大规模刺激政策后企业资产负债率和资产负债规模庞大,大量信贷可能流向了"僵尸企业",这种信贷投放对银行来说是被动的,但又是防范金融风险所必需的。

所以,货币政策转向收紧的概率也很低,但同时也不会显性宽松(降准或降息),以防止刺激出更大规模信贷、滋生金融风险、资产价格泡沫更加累积。后续货币政策的焦点应该是维持资金面稳定和预期稳定,但不会大水漫灌,主要通过公开市场操作的手段,这就是为什么要加大公开市场操作的频率并主动降低6个月MLF利率。因为建立利率走廊,稳定资金利率和平抑资金利率波动非常重要。

值得一提的是,现在政策已经转向了稳增长,稳住短端利率也是为了更好地加杠杆。因为加杠杆具有棘轮效应,根本停不下来,停下来的结果就是资产的风险溢价大幅上升,汇率和金融市场都难言稳定。

综上，无论是基本面还是货币政策，短期都不支持利率有趋势性下行的机会，利率先看宽幅震荡，久期此时拉太长容易导致净值的大幅波动。我们仍然建议投资者先缩短久期，等待收益率曲线陡峭化和风险偏好证伪之后，再介入长端。

本章测试

一、单项选择题

1. 事先假定利率变动情景,然后重新评价债券头寸在所有情景下价值的方法就称做(　　)。

　　A. 完全估价法　　　　　　B. 基点价值法

　　C. 久期分析法　　　　　　D. 凸性分析法

2. 债券或者债券组合的平衡点位于其(　　)。

　　A. 有效久期　　　　　　　B. 修正久期

　　C. 债券存续期　　　　　　D. 麦考利久期

3. 其他因素不变情况下,对于债券或债券组合,收益率越小,其凸性(　　)。

　　A. 越大　　　　　　　　　B. 越小

　　C. 不变　　　　　　　　　D. 不能确定

4. 久期免疫的原理就是让投资组合的久期(　　)负债的久期,同时要求组合的现值(　　)负债的现值,以规避利率波动带来的头寸价值损失的风险。

　　A. 大于,等于　　　　　　 B. 等于,大于

　　C. 等于,等于　　　　　　 D. 等于,小于

5. 在常用的 VaR 计算方法中,Delta 正态近似法和 Delta/Gamma 近似法最大的区别是(　　)。

　　A. 前者考虑风险因素的线性关系,后者不考虑

　　B. 后者考虑风险因素的二阶关系,前者不考虑

　　C. 前者假设风险因素分布为联合正态分布,后者对分布不做限定

　　D. 后者假设风险因素分布不能为联合正态分布,前者不考虑

6. 下列关于 OAS 说法正确的是(　　)。

　　A. OAS 的计算不依赖于动态利率模型和数值方法

　　B. OAS 从本质上讲是含权债券的内部期权价值

　　C. OAS 是含权债券总利差扣除内含期权价值之后的部分

　　D. OAS 的风险管理关键是要计算修正久期和修正凸性

二、计算题

1. 下表是通过模型分析出的三种债券在移动10个基点情况下的价格变化,求三种债券的有效久期、有效凸性。

移动10个基点后的价格变化			
变量	初始价格	上移10个基点的价格	下移10个基点的价格
无选择债券	102.750 902 9	102.319 123 5	103.184 880 5
可赎回债券	99.802 971 76	99.493 217 18	100.108 562 4
可回售债券	100.108 913 1	99.842 376 04	100.381 905 9

2. 假设到期收益率如下表所示。

期限(年)	到期收益率(%)	期限(年)	到期收益率(%)
1	4.505 6	11	5.870 5
2	4.675 3	12	5.965 9
3	4.837 7	13	6.053 7
4	4.992 7	14	6.134 0
5	5.140 4	15	6.206 7
6	5.280 7	16	6.271 8
7	5.413 6	17	6.329 2
8	5.539 1	18	6.379 0
9	5.657 0	19	6.421 2
10	5.767 5	20	6.455 7

投资者现在的资产包括305单位的3年期零息债券,面值为11 522.06元,负债包括300单位的20年期息票债券。该息票债券的面值为1万元,票面利率为6.162%。投资者希望持有该20年的息票债券,但愿意调整3年期零息债券的头寸。投资者也愿意购买或者发行20年期的零息债券,该20年期的零息债券的面值为34 940.6元。如何调整可以让投资者实现免疫?

第四章 利率风险管理

参考答案

一、单项选择题

1. A   2. D   3. A   4. C   5. B   6. C

二、计算题

1. 利用公式 4-1 和公式 4-2 代入数据可以得到：

	有效久期	有效凸性
无选择债券	4.21	21.39
可赎回债券	3.08	-41.72
可回售债券	2.70	64.49

2. 根据到期收益率可以计算出这些债券的价格

$$P_3 = 1\,152.06 \times 0.8679 = 10\,000$$

$$P_{20} = 34\,940.6 \times 0.2862 = 10\,000$$

$$P_{20c} = 10\,000$$

投资者初始的资产负债表为：

资产	负债
305 单位 3 年期零息债券,价值 305 万元	300 单位的 20 年息票债券,价值 300 万元
	权益 5 万元

单个债券的金额久期(利率变动 100 个基点,债券价格的变化值)分别为：

$$\Delta_3 = \frac{3 \times 10\,000}{100} = 300$$

$$\Delta_{20} = \frac{20 \times 10\,000}{100} = 2\,000$$

$$\Delta_{20c} = \frac{1}{100} \sum_{t=1}^{20} t \times V(C_t) = 1\,175$$

可以计算投资者权益在初始状态的金额久期为：

$$305 \times 300 - 300 \times 1\,175 = -261\,000(元)$$

为了让组合资产与负债在久期上匹配,并且要保证权益价值,因此建立下面的等式：

$$资产价值 - 负债价值 = 50\,000$$

$$资产的金额久期 - 负债的金额久期 = 0$$

即：

$$10\,000\,N_3 + 10\,000\,N_{20} - 300 \times 10\,000 = 50\,000$$

$$300\,N_3 + 2\,000\,N_{20} - 300 \times 1\,175 = 0$$

所以，投资者用户有 3 年期的零息债券的数量为 151.5 单位，价值 151.5 万元；拥有 20 年期零息债券的数量为 153.5 个单位，价值为 153.5 万元。调整之后的债券组合结构为：

资产	负债
151.5 单位 3 年期的零息债券，价值 151.5 万元	300 单位的 20 年息票债券，价值 300 万元
153.5 单位 20 年期的零息债券，价值 153.5 万元	权益 5 万元

第五章

利率衍生品

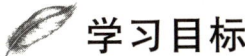 学习目标

1. 掌握四种主要利率衍生工具的基本含义。
2. 熟悉利率远期和利率期货,掌握利率互换合约及其运用。
3. 了解利率期权的含义,熟悉利率上限、利率下限和利率双限。

引导案例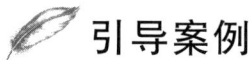

甲公司预期在未来的3个月内将借款100万美元,借款期限为6个月,假定该公司准备以LIBOR获得资金。目前LIBOR利率为6%,公司希望筹资成本不高于6.5%,为了控制筹资成本,该公司与B客户签署了一份"远期利率协议"。交易的B客户担心未来利率会下降,希望利率在6%以上,最终协商确定的利率为6.25%,名义本金为100万美元,协议期限6个月,自现在起3个月内有效。

协议规定,如果3个月有效期内市场的LIBOR高于6.25%,协议的B客户方将向甲公司方提供补偿,补偿的金额为利率高于6.25%的部分6个月期的利息。如果在3个月有效期内,利率低于6.25%,协议的甲公司方将向B客户方提供补偿,补偿的金额则为利率低于6.25%部分6个月期利息。如果在3个月有效期内规定利率正好为6.25%,则双方不必支付也得不到补偿。

这样,无论在有效期内市场利率发生什么样的变化,双方都锁定了自己所需的利率。如果在有效期内,6个月期贷款利率涨了,比如涨到7%,甲公司方就可以从B获得3 750美元($0.75\% \times 1\,000\,000 \times 6/12 = 3\,750$)的补偿。这样甲公司方在市场上虽然是以7%的利率借的资金,但是考虑所得到的补偿,实际的利率被控制在6.25%的水平上。如果在有效期内,市场的利率没有达到6.25%的水平,比如只有5.75%,B就可以从甲公司获得2 500美元($0.5\% \times 1\,000\,000 \times 6/12 = 2\,500$)的补偿。这样,B在市场上虽然是以5.75%的利率储蓄的,但是考虑所得到的补偿,实际得到的利率仍然是6.25%。

第一节 利率远期

利率衍生工具是以某种利率或债券价格为标的的合约,合约持有人的收益取决于该利率或债券价格的波动。远期利率协议是利率衍生工具中重要而且广泛交易的一个种类。

一、远期利率协议的运作机制

远期利率协议是一个远期合约,交易双方约定在未来某个时刻按照某个确定的利率进行一笔某个确定本金的借贷。远期利率协议的基本条款包括交割利率、标的利率、合约期限和一个作为利息计算基础的名义本金。但远期利率协议到期时交易双方通常并不会真的进行一笔借贷,而是根据到期时的利率情况进行现金结算。例如,交易双方在当前时刻($t=0$)签署一份远期利率协议,约定在合约到期日($t=T$)时进行一笔借贷,该笔借贷的本金为 Q,使用的利率为 R_K(即交割利率),在时刻 T^* 到期(即借贷期限为 T^*-T),并约定以某种市场利率为标的利率。如果在 T 时刻期限为 T^*-T 的标的利率为 R,则交易双方按以下金额进行现金结算:

$$NCF = Q\,e^{R_K(T^*-T)}\,e^{-R(T^*-T)} - Q$$

式中的 R_K 和 R 都以连续复利的年利率表示。

远期利率协议的交易在场外进行,其合约是非标准化的,合约规模、期限和标的利率都可以根据交易双方的需求量身定制。合约规模(即名义本金)通常由买方根据自身需求提出,由卖方(交易商)给予满足。但交易商从自身定价和对冲风险的需要出发,通常会在客户提出的合约金额基础上进行一些标准化处理(比如 500 万美元的整数倍),这样做也可以在一定程度上提高 OTC 利率衍生工具的流动性。合约期限以短期为主,例如在远期利率协议交易活跃的加拿大 OTC 市场,尽管可以通过谈判购买或出售任何期限的远期利率协议,但实际情况中 80% 以上的远期利率协议期限在 1 年以内,其中以 1、2、3、6、9 个月期限最为普遍。远期利率协议的标的利率是具有代表性的货币市场利率,其中以 3 个月期和 6 个月期的

LIBOR最为常见,其他的重要利率也会被使用。例如在加拿大,远期利率协议标的利率通常是3个月银行承兑汇票利率,这使得OTC市场上的远期利率协议与蒙特利尔交易所的银行承兑汇票期货合约具有可比性,从而有利于远期利率协议的做市商利用流动性更好的银行承兑汇票期货合约对冲不需要的远期利率协议头寸。中国的远期利率协议从推出之时起就全部以上海银行同业拆借利率(SHIBOR)为基准,体现了中国人民银行着力将SHIBOR培育成中国金融市场基准利率的意图。

远期利率协议的非标准化合约具有灵活性高的优点,有利于满足交易双方的需求,并且非常适合单笔大额的交易。但合约的非标准化也带来了流动性缺乏的问题,因此远期利率协议的交易通过引入做市商制度来提高流动性。较早的远期利率协议交易一般由金融机构充当经纪商,即金融机构为其有兴趣参与利率衍生工具交易的客户在自己的其他客户中寻找交易对手,自己只是收取佣金,并不持有头寸。现在的远期利率协议交易已经成为由一些大型国际商业银行和投资银行主导的做市商市场,它们对不同品种、不同期限的远期利率协议进行报价,并且在交易中充当对手方直至找到交易另一方的最终需求者。做市商制度的引入不仅提高了远期利率协议的流动性,而且减少了最终使用者监控交易对手财务状况的成本,因为有做市商作为中间人,最终使用者只需关注做市商的财务状况。

二、远期利率协议的定价

考虑0时刻的一个远期利率协议:双方约定在未来的T和T^*之间的期限内所得利率为R_K,本金为Q。显然,该协议有如下现金流:

T时刻:$-Q$

T^*时刻:$+Q\mathrm{e}^{R_K(T^*-T)}$

该协议在0时刻的价值$V(0)$应等于以上现金流的现值:

$$V(0) = Q\,\mathrm{e}^{R_K(T^*-T)}\,\mathrm{e}^{-y^*T^*} - Q\,\mathrm{e}^{-yT}$$

当$V(0)=0$时,可以解出:

$$R_K = \frac{y^*T^* - yT}{T^* - T}$$

一般地,设y为T年期的即期利率,y^*为T^*年期的即期利率,$T^* > T$,f^*为$T^* - T$期间的远期利率,则有:

$$f^* = \frac{y^* T^* - yT}{T^* - T}$$

比较 f^* 和 R_K 可知,当约定利率 R_K 等于远期利率时,远期利率协议的价值为 0。也就是说,远期利率协议在签署时,约定利率总是等于远期利率。

如果协议到期时(T 时刻)的 $T^* - T$ 期间的利率为 R,则结算现金为 $Q\,e^{R_K(T^*-T)}e^{-R(T^*-T)} - Q$。因此,在协议到期前的任何时刻 t,远期利率协议的价值为:

$$V(t) = Q^{(T^*-T)}e^{-R(T^*-t)}Q$$

其中:y 为 t 时刻的 $T-t$ 年期即期利率;

y^* 为 t 时刻的 $T^* - t$ 年期即期利率。

根据 $f^* = \dfrac{y^* T^* - yT}{T^* - T}$,在 t 时刻观测到的 $T^* - T$ 期间的远期利率为:

$$f^* = \frac{y^*(T^* - t) - y(T - t)}{T^* - T}$$

将此式代入 $V(t) = Q\,e^{R_K(T^*-T)}e^{-R(T^*-t)} - Q\,e^{-y(T-t)}$ 可得:

$$V(t) = [\,Q\,e^{R_K(T^*-T)}e^{f^*(T^*-T)} - Q\,]\,e^{-y(T-t)}$$

这实际上就是将远期利率协议在到期时的现金流贴现到 t 时刻的现值,其中假设在 t 时刻观测到的 $T^* - T$ 期间的远期利率 f^* 在 T 时刻实现了(因此在将 T^* 时刻的现金流贴现到 T 时刻时用 f^* 作为贴现率)。

三、远期利率协议的应用

(一)利用远期利率协议套期保值

利率衍生工具的基本功能之一是对冲原生工具(具有利率敏感性的各种债务工具)的利率风险,即套期保值。利率风险可以定义为利率变化使市场主体的实际收益与预期收益(或实际成本与预期成本)发生背离,使实际收益低于预期收益(或实际成本高于预期成本),从而使市场主体遭受损失的可能性。这样的定义涵盖了债务工具的发行人和持有人所面临的利率风险,前者的利率风险体现为因利率变化造成实际成本高于预期成本而遭受损失的可能性,后者的利率风险则体现为因利率变化造成实际收益低于预期收益而遭受损失的可能性。由于浮动利率型债务工具的票面利率随参考利率的波动而定期调整、固定利率型债务工具的票面利率固定不变,因此利率变化对这两种类型的债务工具有相反的影响。下表列出了利率变化时债务人和债权人的损益状态。

表 5-1 债务工具发行人和持有人的利率风险

	债务工具类型	发行人	持有人
利率上升	浮动利率工具	受损	获益
	固定利率工具	获益	受损
利率下降	浮动利率工具	获益	受损
	固定利率工具	受损	获益

套期保值的目的在于规避风险而不是获取盈利,其基本的机制是在衍生工具上持有与原生工具相反的头寸,用两者构成套期保值组合,从而使得在价格变动时两个相反头寸盈亏相抵,而组合价值保持不变,这就相当于达到了原生工具价值不变的效果。下面以利率上升为例,对远期利率协议套期保值的机制加以说明。

假设浮动利率工具的发行人和固定利率工具的持有人担心未来 N 个月内利率会上升。浮动利率工具的利率重设期为 6 个月,当前时刻距离下一个利率重设日还有 M_f 个月($M_f < N$);固定利率工具的付息周期为 6 个月,当前时刻距离下一个付息日还有 M_g 个月($M_g < N$)。名义本金为 Q。

对浮动利率工具发行人而言,担心未来 N 个月利率上升实际上是担心在 M_f 个月后的利率重设日利率上升,因此,利用远期利率协议进行套期保值需要浮动利率工具发行人在当前时刻与交易对手签署一份期限为 M_f 个月、交割利率为 R_K 的远期利率协议,并且作为协议中的借方。这样,在 M_f 个月后协议到期交割时,如果利率真的上升,比如上升至 R,则套期保值者将获得 $Q - Q\,\mathrm{e}^{R_K(T^*-T)}\mathrm{e}^{-R(T^*-T)}$ 的收益,该收益将抵消套期保值者发行的浮动利率工具的成本上升,从而实现套期保值。不过由于浮动利率工具每次调整后的票面利率是在下一个利率重设日实施,因此发行人需要将远期利率协议上的盈利以当时的利率进行再投资直至下一个利率重设日。

对固定利率工具持有人而言,如果担心未来 N 个月利率上升,可以在当前时刻签署一份期限为 N 个月的远期利率协议并同样作为协议中的借方。这样,如果 N 个月后利率真的上升,则可以获得相应的利差收益,用以抵消固定利率工具的收益损失,从而实现套期保值。

当然,如果利率并未像套期保值者担心的那样上升而是下降了,套期保值者作为借方签署的远期利率协议在交割时将遭受损失,但同时其现货头寸将因为利率下降而获得成本的降低或收益的增加,这样仍然实现了套期保值。

有两个方面的因素可能导致远期利率协议套期保值的不确定性:

一方面,浮动利率工具每次调整后的票面利率是在下一个利率重设日实施,因此需要将衍生工具上的盈利进行再投资,或者对衍生工具上的亏损进行融资,以使得债务工具与衍生工具上的盈亏在同一时点上相互抵消,这无疑增加了不确定性。如果在套期保值者所担心的利率变动周期内有多个利率重设日,还会造成多次的衍生工具交易和再投资,进一步增加不确定性。

另一个方面,需要套期保值的债务工具的参考利率与远期利率协议的标的利率不一致或者相关性不好,这必然会造成套期保值的不确定性增加,即所谓的基差风险,从而使套期保值的效果下降。例如,套期保值者发行的浮动利率债务工具的参考利率为短期国债收益率,而远期利率协议的标的利率为银行同业拆借利率,这样,在套期保值期间如果短期国债收益率上升较多而银行同业拆借利率上升减少甚至不升反降,则套期保值者在远期利率协议上的盈利就不能很好地弥补其债务工具的成本上升,套期保值效果下降。

(二)利用远期利率协议套利

$R_K = \dfrac{y^* T^* - yT}{T^* - T}$ 表明,在某个时刻签署的远期利率协议的交割利率应等于该时刻的远期利率,否则就存在套利机会。假定在某个时刻(设为 0 时刻)出现 $R_K > \dfrac{y^* T^* - yT}{T^* - T}$ 的情形,则套利者可以签署一份交割利率为 R_K、期限为 T、名义本金为 Q 的远期利率协议并且在协议中做多头,同时按利率 y^* 和期限 T^* 接入数量为 Qe^{-yT} 的资金并将其按利率 y 和期限 T 贷出。这样,在 T 时刻将产生两笔现金流:远期利率协议的结算现金流 $Q\,e^{R_K(T^*-T)}e^{-R(T^*-T)} - Q$ 和收回贷款的现金流 $Qe^{-yT}e^{yT} = Q$,它们在 T^* 时刻的终值分别为 $Q\,e^{R_K(T^*-T)} - Qe^{R(T^*-T)}$ 和 $Qe^{R(T^*-T)}$。而在 T^* 时刻还有另外一笔现金流,即偿还借款的现金流 $Q\,e^{(y^*T^*-yT)}$。因此,在 T^* 时刻的净现金流将是:

$$Q\mathrm{e}^{R_K(T^*-T)} - Q\mathrm{e}^{R(T^*-T)} + Q\mathrm{e}^{R(T^*-T)} - Q\mathrm{e}^{(y^*T^*-yT)} = Q[\mathrm{e}^{R_K(T^*-T)} - \mathrm{e}^{(y^*T^*-yT)}]$$

由期初条件 $R_K > \dfrac{y^*T^* - yT}{T^* - T}$ 得 $R_K(T^* - T) > y^*T^* - yT$,因此上述净现金流为正。也就是说,套利者在期初构造套利组合之后,无论期间的利率如何波动,都已经锁定了一个无风险利润。

反之,如果在某个时刻出现 $R_K < \dfrac{y^*T^* - yT}{T^* - T}$,则套利者可以签署一份交割利率为 R_K、期限为 T、名义本金为 Q 的远期利率协议并且在协议中做空头,同时按利率 y 和期限 T 借入数量为 $Q\mathrm{e}^{-yT}$ 的资金并将其按利率 y^* 和期限 T^* 贷出,同样可以立即锁定一个无风险利润。

第二节 利率期货

利率期货是由期货交易所统一制定、由交易双方签订并约定在将来的某一时间按照交易双方事先约定的价格交割一定数量的某种债务类凭证或利率相关的金融资产的标准化契约。

一般来说,债券对于利率的敏感性较高。应债券持有者的需要,利率期货被设计用来降低利率风险。1975 年 10 月,随着芝加哥期货交易所(CBOT)政府国民抵押协会抵押凭证(Government National Mortgage Association Certificate)期货合约的面世,利率期货诞生,并在此之后得到迅速发展,以其广泛的应用范围和实用性超过外汇期货乃至农产品期货,成为发达期货市场上成交量最大的交易类别。紧接着在 1977 年,芝加哥商业交易所(CME)推出美国长期国债期货合约,获得了较大成功,如今国债期货已经发展成为世界上最为活跃的金融衍生品之一。1981 年 12 月,国际货币市场推出了 3 个月期的欧洲美元定期存款期货合约,其交易量现已超过短期国库券期货合约,成为短期利率期货中交易最活跃的一个品种。

按照合约标的的期限来分,利率期货可分为短期利率期货和长期利率期货。短期利率期货又称货币市场利率期货,主要以期限不超过 1 年的货币市场债务工具为标的,如短期国库券期货、银行同业拆借市场利率期货、欧洲美元期货、大额可转让存单期货等。长期利率期货又称资本市场利率期货,以期限超过 1 年的资本市场债券为标的,如中长期国债期货。

利率期货合约的主要要素包括合约标的、合约规模、合约期限、交割方式、最小变化价位、每日价格最大波动限制等。相比其他种类的期货合约而言,利率期货合约要素里另有转换因子的概念。转换因子表示的是一种比例关系,是将可交割债券转换为标准债券的比例。标准债券指的是有固定面值和票面利率、没有到期期限的一种名义上的债权。交易所公布每种可交割债券和标准债券之间的转换因子,从而不同利率、不同剩余期限的可交割债券之间的折算可以按统一的标准进行,方便债券和利率期货价格的比较,扩大了可交割债券的范围。

利率期货主要有以下几个特点:

其一,利率期货的价格与利率呈反方向变动。利率越高,利率期货价格越低;反之,利率越低,利率期货价格越高。

其二,绝大多数利率期货合同通过对冲平仓的方式交割,采用现金交割,而很少实物交割。现金交割指的是用结算价格计算到期未平仓合约的盈亏并以现金支付交易的交易方式。实物交割指的是合约到期后以转移合约标的所有权来达成结算的交易方式。一般来说利率期货的目的并非现货买卖,因此实际交易中实物交割的情况较少,在成熟的国际商品期货市场上,交割率一般不超过 5%。

其三,利率期货与远期之间的最大差别是合约的标准化。远期合约一般在场外交易市场成交,由交易双方约定达成非标准化合约,交割前不发生现金流,存在信用风险。期货合约则在交易所内交易,由交易所统一制定标准化合约,交割前每日保证金账户内有现金净流动,信用风险较小。

利率期货的主要功能有价格发现功能、风险规避功能、资产配置功能等。

利率期货的价格发现功能:由于利率期货通过集中撮合竞价产生未来不同到期月份的合约价格,且利率期货价格的变动通常早于现货市场价格的变动,有利于增加价格的信息含量,使价格能够快速、准确地反映市场信息的变化。此外套期保值交易和套利、投机交易的存在共同维护了市场的流动性,价格信息和行情信息的公开透明使得交易者能够迅速了解信息,做出反应,实现市场的预先调节,促进合理价格的形成。

利率期货的风险规避功能:通过利率期货合约,投资者可提前锁定投资收益率或浮动借款合同的变动利息支付部分。通常的做法是：当投资者在现货市场进行一笔交易的同时，在期货市场上做一笔方向相反、规模相同的交易，这样就达成了套期保值的目的。加之利率期货采取保证金制度，且是在交易所内集中进行的标准化合约，极大降低了交易成本和潜在风险，是投资者规避风险的有效手段。

利率期货的资产配置功能：利率期货的资产配置功能主要体现在三个方面：首先，利率期货的多空双向交易机制避免了资金在债权价格下跌时可能出现的闲置。其次，利率期货作为一种组合管理工具，可方便投资者进行高效的组合投资，提高投资收益能力和风险控制能力。再次，由于杠杆效应的存在，利率期货有助于提高资金使用效率，提高现金流的管理能力。

第三节 利率互换

一、利率互换的定义及基本条款

利率互换是指交易双方签署的在一定期限内定期进行根据某个名义本金计算的利息现金流交换的协议，即交易双方约定，在将来的一定期限内，一方以名义本金乘以事先约定的固定利率产生的利息现金流与另一方的同一名义本金（相同币种、相同金额）按浮动利率产生的利息现金流交换。实际上，在合约期限内的任意一个支付日，双方只需要支付两笔利息之间的差额。

利率互换的基本条款包括一个固定/浮动利息支付方、名义本金、合约期限（包括起息日、到期日和交换日）、固定利率支付（利率、支付频率和利息基准）以及浮动利率支付（参考利率、加减点、重置频率和计息基准）。

表 5-2 利率互换条款

一般协议	
期限	名义本金
交易日	首期起息日

续表

起息日	营业日准则
到期日	计息天数调整
计算机构	
固定利率部分	
固定利率	固定利率计息方法
固定利率计息基准	固定利率支付周期
固定利率支付日	
浮动利率部分	
参考利率浮动	利率计息基准
利差(bp)	浮动利率计息方法
浮动利率支付周期	重置频率
浮动利率支付日	利率确定日

利率互换协议中的浮动利率最常见的是以 3 个月或 6 个月 LIBOR 为基准,但根据客户的需求,其他具有代表性的货币市场利率(如美国的国库券利率、商业票据利率、联邦基金利率等)也经常被作为利率互换浮动利率的基准。利率互换协议中的固定利率则通常是基于与互换协议期限一致的中长期国债收益率。中国的利率互换所使用的参考利率主要包括 7 天回购利率、定期存款利率和 SHIBOR。

本金只用于计算利息,其本身并不交换,这也是它被称为名义本金的原因。如果在互换到期时加入本金交换的现金流(这样假定完全不会改变互换交易的性质),则利率互换可以看成固定利率债券和浮动利率债券的交换。

例如,A 公司和 B 公司签署了一份开始于 2017 年 10 月 27 日的 5 年期利率互换协议。在协议中,B 公司同意向 A 公司支付按年利率 5.9% 和本金 $200 000 000 计算的固定利息,而 A 公司同意向 B 公司支付由 6 个月期 LIBOR 和同样本金计算的浮动利息。

二、利率互换的定价

一份利率互换协议可以看成是一张债券多头与另一张债券空头的组合,也可以看成是一系列远期利率协议的组合,因此,可以按照债券或远期利率协议的定价方法来对利率互换进行定价,此处重点介绍利率互换定价与债券价格。

延续前文中 A 公司与 B 公司之间的利率互换。假设在互换结束时交换名义本金,那么这项互换与下面的交易等价:B 公司从 A 公司购买 $200 000 000、利率为 6 个月期 LIBOR 的浮动利率债券;A 公司从 B 公司购买 $200 000 000、息票利率为 5.9% 的固定利率债券。

因此,对 A 公司而言,利率互换的价值就是这两种债券价值的差额:

$$V = P_{fix} - P_{fl}$$

利率互换在签署时刻对双方而言价值为零,但在合约有效期内的任意时刻,互换价值可能为正,也可能为负。

【例5.1】互换协议签署于 2017 年 10 月 27 日,期限为 5 年。协议约定 B 公司向金融机构支付按年利率 5.905% 和本金 $200 000 000 计算的固定利息,而金融机构向 B 公司支付由 6 个月期 LIBOR 和同样本金计算的浮动利息。假定现在是 2020 年 1 月 27 日,利率期限结构如表 5-3 所示。上一支付日(即 2019 年 10 月 27 日)的 6 个月期 LIBOR 为 1.1%。对于该金融机构而言,该利率互换的价值是多少?

表 5-3 利率期限结构

期限	年利率(连续复利,%)
0.25 年	0.5
0.75 年	1.2
1.25 年	1.7
1.75 年	2.0
2.25 年	2.2
2.75 年	2.4

在当前时刻,该利率互换还有 2.75 年到期。下一个支付日在 3 个月以后,金融机构收取的固定利息为 5.905 百万美元,支付的浮动利息为 1.1 百万美元。因此,

$$P_{fix} = 5.905e^{-0.005 \times 0.25} + 5.905e^{-0.012 \times 0.75} + 5.905e^{-0.02 \times 1.75} + 5.905e^{-0.022 \times 2.25} +$$

$$205.905 e^{-0.024 \times 2.75} = 221.61$$

$$P_{fl} = 1.1 \times e^{-0.005 \times 0.025} + 200 \times e^{-0.005 \times 0.025} = 200.85$$

所以利率互换的价值为:

$$V = 221.61 - 200.85 = 20.76$$

显然,对于 B 公司而言,该利率互换的价值为 -20.76 百万美元。

利率互换也可以分解为一系列远期利率协议,以本例说明,设当前时刻为 0 时刻,该利率互换还有 2.75 年到期。从金融机构的角度来看,该互换可以看成是 6 份到期期限分别为 0 年、0.25 年、0.75 年、1.25 年、1.75 年、2.25 年和 2.75 年的远期利率协议。当前时刻互换的价值即为这些远期利率协议的价值之和。

三、利率互换的主要用途

利率互换的第一个用途是对冲公司债券的未来发行。一旦公司决定出售债券为资本支出或者运营融资,它可能想对冲从筹集资金计划做出到债券实际发行这段时间利率上升的风险。例如,为对冲 10 年期债券的未来发行,它可以在发行计划做出的时刻签订一个 10 年期互换,支付固定利率,并且在债券出售的时刻结束这个互换。或者,可能更加有效地,它可以使用远期互换在债券出售的时刻支付 10 年期互换的固定利率。无论如何,如果利率在计划做出和债券出售这段时间内上升,关于这一债券该公司将必须支付更高的票面利率,但是公司将从其互换头寸中获得收益。当然,如果利率降低,那么公司将不会以更低的利率从出售债券中获得收益,因为收益的现值已经被其互换头寸的损失所抵消。虽然用互换对冲未来发行的风险是完全合乎情理的,但是大量的基差风险仍然存在。首先,互换利率反映了银行系统的短期信用风险而不是长期的公司信用风险。其次,互换利率不能对冲相对于短期银行信用来说某一个公司信用变得更糟的风险。

利率互换的第二个用途是产生合成的浮动利率债券。考虑一个决定借入短期浮动利率的公司,可能由于它相信利率不会上升或者可能因为它的资产本质上也是短期的,无论如何,公司可以考虑两种选择:第一,滚动发行短期债券,像商业票据一样;第二,发行长期浮动债券。这两种选择都有想得到的利率风险暴露,但是每一个都有严重的缺点。关于发行短期债券,只有信誉最好的公司才能进入商业票据市场这一领域。然而,即使公司能够出售商业票据,也有可能承担太大的流动性风险，也就是在资金紧张时由于它本身或者更广泛金融系统的原因必须偿还到期的短期债券的风险。发行长期浮动利率债券解决了流动性风险的问题，但是长期浮动利率债券的市场非常小。因此，对于这个公司来说一个通常的解决方法是发行固定利率债券，然后在一个互换中收到固定利率并支付浮动利率。这个策略的净影响是以超过3个月期LIBOR的利率或者以超过互换的浮动利率指数的利率得到浮动利率资金。

利率互换的第三个用途是对冲抵押相关的利率风险。在美国，抵押市场是单个最大的固定收益市场，这意味着许多将要对冲的利率风险。进一步，因为抵押贷款和抵押担保证券的利率风险随时间的变动而变动，对冲必须随时间调整。这种类型的重要的抵押需求来自于政府特许机构的投资组合业务，它们出售固定利率债券并购买抵押贷款。另外的需求来自于抵押服务机构，因为其未来费用的价值对利率水平非常敏感，这些费用是为了处理抵押相关的支付。

实际上，在抵押中使用互换对冲多头头寸的需求是如此巨大，以至于互换市场有时候受抵押相关的对冲行为影响很大。例如，增加抵押比率，常常增加流通在外的抵押贷款的利率风险，这需要通过在互换中支付固定利率来对冲这个增加的风险。这个需求有时候足够大，把互换利率推到相对于其他利率（如政府利率）之下。一个自然的问题是，为什么这个影响没有在抵押贷款中被对冲空头头寸的需求所抵消，此时，空头头寸在互换中收到固定利率。答案是，在抵押市场中住宅持有者是主要的空头，因为他们没有对冲其利率风险。

互换的最后一个用途是管理资产和负债的久期之间的不匹配问题。养老基金和保险公司的负债比它们想要购买的资产有更长的久期，然而，由于内部压力和监管压力，这些机构需要限制其资产和负债久期的不匹配。在互换中收到固定利率是一种有效增加资产久期并达到这个目标的方法。

第四节 利率期权

一、利率期权的定义

期权是以一固定价格买入或者卖出一种证券的权利而不是义务。买入的权利称为看涨期权,卖出的权利称为看跌期权。如果价格上升,看涨期权获利;如果价格下降,看跌期权获利。

利率期权是一项关于利率变化的权利。买方支付一定金额的期权费后,就可以获得这项权利:在到期日按预先约定的利率,按一定的期限借入或贷出一定金额的货币。这样当市场利率向不利方向变化时,买方可固定其利率水平;当市场利率向有利方向变化时,买方可获得利率变化的好处。利率期权的卖方向买方收取期权费,同时承担相应的责任。

二、决定利率期权价格的因素

决定利率期权价格的主要因素有:①利率的市场价;②利率期权的协定价;③期权的形式期限及到期日;④市场价格波动幅度;⑤非风险利息率(即把远期价值转换为即期价值的贴现率)。

在利率期权交易中,期权合同具有以下特点:

第一,合同交易单位一定。如每份欧洲美元存款利率期货期权合同金额为100万美元,每份美国中长期国库券期权则为10万美元,等等。

第二,协议价格以点的整倍数标出。如美国芝加哥期货交易所长期国库券期权的协议价格是按2点(2 000美元)的整倍数计算,如果期货合同价格为66点,其期权协议价格就可能是60、62、64、66、68、70、72等。

第三,最小变动价位和最大价格波动限制。最小和最大价格变动也均以点报出,如美国的抵押证券期权的最小变动价位为1/64点(15.63美元),最大价格波动限制3点(3 000美元)。

第四,合同月份或交割月份为每年的 3、6、9、12 月。在利率期权的实际运用中,由于期货期权通常都是在固定交易所进行交易,交易的金融商品都是标准化的合约,交易方式和交易条件买卖双方不能自行确定,这种交易主要用于套期保值和规避风险。

三、利率期权交易操作

(一)保值交易

利用利率期权进行保值性交易是目前世界期货市场的惯用方法。例如,某年 9 月,某商人欲于 12 月份借入美元 100 万,虽然 9 月份的短期存款利率为 8%,但该商人预期未来三个月内利率将上涨至 9% 左右。为了在利率上升时能固定借入资金成本,同时在利率下降时又能从低成本中获利,该商人购入一份 12 月到期的利率期货卖权合同,协议价格为 92.00,期权费为 0.10,即 10 点(每点 25 美元)。三个月后,利率上升到 9%,该商人行使期权,以 92.00 的协议价格卖出一份 12 月到期的利率期货合同,同时以 91.00 的实际市场价格买进一份合同的期货。这样,尽管利率上升至 9%,但通过上述期权交易的操作,实际筹资成本仅为 8.1%。通过行使期权,该商人达到了避免风险、固定筹资成本的目的。相反,若三个月后利率没有上升反而下降至 7%,期货市场价格降至 93.00,这时可放弃该项期权,以较低的价格筹措资金,就可以享受到利率下降幅度减去期权保险费 0.10 的那份益处。计算可得,借款实际利率仅为 7.1%。

(二)封顶或保底利率期权交易

封顶或保底利率期权交易是指交易双方达成协议,在一定期限内对变化莫测的短期利率规定一个最高限(或最低限),其中买方向卖方支付一定费用,由此在合同期内的各利率更换日或交割日,当实际利率超过最高限(或不是最低限)时,"封顶"买方可以从卖方收取利率差额补偿的交易。

一般而言,交易双方签订的合同必须包含以下各项内容(以封顶利率期权为例):

(1)合约期限:通常为 2～5 年。

(2)利率更换日:即更换基准利率的日期,将基准利率与上限利率相比较,由此确定利率差额。

(3)基准利率:即作为上限利率比较对象的浮动利率,通常用LIBOR(伦敦银行同业拆借利率)表示。

(4)期权费:即作为封顶期权的等值代价,由买方向卖方支付的一种具有保险性质的补偿。支付方式上,一般是签约时一次预付,也有的实行分期支付,完全由买卖双方协商。从费用大小看,一般合约期限越长、上限利率固定得越低,费用越高。

(5)利率差额:即每一利率更换日,基准利率与上限利率之差。

值得注意的是封顶利率期权同利率掉期交易一样,是一种浮动利率(基准利率)与固定利率(上限利率)交换的交易,但通常的利率掉期交易是在每个利息支付日将浮动利率与固定利率进行交易,而封顶期权是只有当基准利率超过上限利率时才进行利率交换的期权交易。

此类交易中利率差额的计算:在利率更换日,当基准利率≤上限利率时,买卖双方无收付业务;当基准利率>上限利率时,其计算公式为:

利率差额 = 合约金额×(基准利率 – 上限利率)×到下次利率更换日的天数/360

如甲企业以浮动利率运用其闲置资金,为避免由于将来利率下跌而使资金运用收益率降低,决定从银行购买同业拆借利率为基础利率,交易有效期为3年,利率的最低限(保底水平)为8%,每3个月交割一次,名义本金为100万美元,购买保底期权的费用为名义本金的1%。该企业支付给银行1万美元,从而成为该项保底期权的买方,银行则是该期权的卖方。在利率更换日或交割日,与实际利率比较,若3个月的伦敦银行同业拆借利率低于8%,保底期权卖方就要将不足部分的利息支付给买方。假设实际利率为7%,那么保底期权卖方要支付的利息就为2 500美元[100万×(8% – 7%)×90天/360天]。如果3个月的伦敦银行同业拆借利率恰好等于或高于8%,通过保底期权交易,买方可以享受到资金收益率上升的好处。因为期权买方支付给卖方的利率差额足以抵消利率下降给买方造成的亏损,从而使买方的资金收益率仍维持在一个较高的水平。

领子期权又称为利率封顶保底交易,则是同时设定浮动利率的上限和下限,即购买者通过购买一个特别商定利率的封顶期权、同时又以较低的商定利率卖出一个保底期权来缩小利率波动的范围。该期权适用于筹资者以浮动利率筹资时为避免将来利率上升的风险,同时可用出售保底期权的费用来降低其筹资成本。

一般而言,这几种利率期权交易与利率互换交易一样,是一种浮动利率(基础利率)与固定利率(上限和下限利率)交换的交易。但利率期权与利率互换还是有区别的,通常的利率互换是在每个利息支付日将浮动利率与固定利率进行交换,而封顶和保底期权交易只有当基础利率超过上限利率或低于下限利率时,才进行利率交换。

四、几种常见的利率期权

利率期权是一项规避短期利率风险的有效工具。利率期权有多种形式,常见的主要有利率上限、利率下限、利率上下限。

(一) 利率上限

利率上限是客户与银行达成一项协议,双方确定一个利率上限水平,在此基础上,利率上限的卖方向买方承诺:在规定的期限内,如果市场参考利率高于协定的利率上限,则卖方向买方支付市场利率高于协定利率上限的差额部分;如果市场利率低于或等于协定的利率上限,卖方无任何支付义务。同时,买方由于获得了上述权利,必须向卖方支付一定数额的期权手续费。

利率上限规定,如果某种协定的利率指标,即参考利率(如三个月 LIBOR 利率)在合约有效期内超过了执行利率,那么利率上限卖方就同意向买方支付两个利率的差价。

投资者购买利率上限主要是为锁定融资成本。利率上限合约使得利率上限买方得以在市场利率超过执行利率时,将融资成本锁定于执行利率水平。而当协定的参考利率低于执行利率时,享受到低利率的好处。

利率上限和利率互换合约一样,是一种浮动利率(某一参考利率)与固定利率(利率上限)交换的交易,只不过只有在参考利率超过利率上限时购买方才行使权利。

一个利率上限合约实质上是一系列期权的总和。利率上限确保合约买方在任何时间所支付的借款利率都是市场利率与利率上限中的较小者。

假设投资者 C 向 D 购买了利率上限,利率上限合约内容如下:①参考利率为 6 个月 LIBOR;②执行利率 6%;③合约期限为 4 年;④每六个月支付一次;⑤名义本金额为 20 000 000 美元。

按照合约的规定,在接下来四年里的每半年、年末,当 6 个月 LIBOR 超过执行利率 6% 时,D 向 C 履行支付义务,支付金额为:

$$支付金额 = 1/2 \times 名义本金额 \times (R - 执行利率)$$

其中,R 是 6 个月 LIBOR 利率,由于每半年支付一次,所以除以 2。

例如,当前的 6 个月 LIBOR 利率是 8%,D 向 C 支付的金额为:

$$1/2 \times 20\ 000\ 000 \times (0.08 - 0.06) = 200\ 000(美元)$$

如果 6 个月 LIBOR 利率小于或等于 6%,则 D 不用向 C 做任何支付。

当利率高于执行利率时,利率上限的买方获利。因此,利率上限是一系列利率的看涨期权组合,利率上限的卖方实际上是出售了一个看涨期权。

(二)利率下限

利率下限是指客户与银行达成一个协议,双方规定一个利率下限,卖方向买方承诺:在规定的有效期内,如果市场参考利率低于协定的利率下限,则卖方向买方支付市场参考利率低于协定利率下限的差额部分;若市场参考利率大于或等于协定的利率下限,卖方没有任何支付义务。作为补偿,卖方向买方收取一定数额的手续费。

投资者购买利率下限的目的是锁定投资收益。投资者购买利率合约,以确保当市场利率下跌时自己拥有的债券资产组合的收益不降至某一特定水平之下;当市场利率上升时,可以获得更多的收益。

沿用上例,投资者 C 向 D 购买一个利率下限合约,当 6 个月的 LIBOR 利率等于或超过执行利率 6% 时,C 不能从 D 那里获得任何支付。但当 6 个月 LIBOR 利率小于 6% 时,D 向 C 补偿 6 个月 LIBOR 利率和执行利率 6% 之间的差额。

$$购买利率下限的收益 = 1/2 \times (执行利率 - 参考利率) \times 名义金额$$
$$= 1/2 \times 20\ 000\ 000 \times (0.06 - R)$$

如果 6 个月 LIBOR 利率为 5%,D 将向 C 支付:

$$1/2 \times 20\ 000\ 000 \times (0.06 - 0.05) = 100\ 000(美元)$$

当参考利率低于执行利率时,利率下限的买方获利。

(三)利率上下限

利率上限和利率下限的组合得到利率双限,投资者同时购买一个利率上限和出售一个利率下限就构成了一个利率双限。持有利率双限的投资者对将要支付的利率既规定了上限又规定了下限,从而将利率风险控制在一定区间之内。

从本质上看,利率合约是由一系列的期权合约组成的。利率合约的买方支付一定的费用,这种费用代表了利率合约买方的最大损失额,也代表了利率合约卖方的最大收益额。与期权合约一样,利率合约的买方只有权利而无须承担义务,买方由于支付了费用而获得了相应的权利。卖方由于收取了费用只有义务而无相应的权利。

当市场利率超过执行利率时,利率上限的买方获利,因为卖方必须向买方支付市场利率超过执行利率的差额部分;当市场利率低于执行利率时,利率下限的买方获利,因为卖方必须向买方支付市场利率低于执行利率的差额部分。所以,购买利率上限实际上类似于购买一系列的利率看涨期权(或债券看跌期权),而购买利率下限实际上等同于购买了一系列的利率看跌期权(或债券看涨期权)。

关键词

利率远期　　利率期货　　利率互换　　利率期权　　利率上限
利率下限　　利率上下限

扩展阅读

中国利率市场化和利率衍生品市场发展[①]

自2013年起,中国金融改革明显提速,政府和相关监管机构陆续推出了一系列对中国金融市场影响深远的改革举措。2013年7月19日,央行宣布全面放开贷款利率管制;2013年10月25日,贷款基础利率集中报价和发布机制正式开始运行;2013年12月8日,央行发布了大额可转让存单的发行和交易细则。中国金融改革的目标之一是建立一个由市场决定的、能够高效配置资源的资本市场,其基础在于透明的资产定价,使得投资者能够有效地管理投资收益和其所承担的风险。能够对收益进行衡量的必要条件是有一个透明的市场来分离资金的无风险回报和承担风险所产生的超额收益。从固定收益的角度来讲,可以用无风险利率来区分无风险回报和信用风险,为投资者提供衡量不同资产超额回报的方法。一个高效的利率衍生品市场能够提高流动性定价和信用利差形成的透明性,这是建立由市场决定的高效资本市场的基础。

一个能够高效配置资源的资本市场,其利率必定是由市场自由决定的。利率自由化能够更有效地传导中央银行的政策意图,从而使得信贷资源的分配和定价更加合理和透明。同时,伴随着利率自由化的金融创新,能够进一步提高资本市场运营的效率和活力。利率市场化进程的加快也意味着未来利率波动将高于以往,这会相应地增加金融机构和企业对利率风险的对冲需求。思考如何建立一个更健全和更多元化的衍生品市场以管理利率风险是改革的重要一环。

[①] 资料来源:《银行家》,作者系德意志银行(中国)副行长,环球市场部总经理。

为促进金融市场发展,建立完善的定价机制,中国人民银行相应推出了上海银行间同业拆放利率、银行间回购定盘利率和贷款基础利率。上海银行间同业拆放利率(Shanghai Interbank Offered Rate,英文简称Shibor)从2007年1月4日开始正式运行,目前公布的Shibor品种包括隔夜、1周、2周、1个月、3个月、6个月、9个月及1年共八个品种。银行间回购定盘利率由中国人民银行授权同业拆借中心自2006年3月8日起每天对外发布,银行间回购定盘利率品种包括隔夜、7天、14天三个品种。贷款基础利率集中报价和发布机制(Loan Prime Rate,英文简称LPR)于2013年10月25日起正式运行,LPR为长期限的贷款提供了新的指标,但是,LPR目前的波动性较低。这些基准利率的推出促进了金融衍生品在过去几年的迅猛发展,利率互换名义本金额从2007年到2013年增长了12.5倍,其中以Shibor为基准的利率互换占比增长了近3倍。

2006年2月9日,中国人民银行发布了《中国人民银行关于开展人民币利率互换交易试点有关事宜的通知》,标志着中国利率互换市场的正式形成。自从利率互换市场形成以来,在交易量、交易品种、参与机构等方面都得到了快速发展。从交易量来看,增长速度非常快,根据外汇交易中心统计数据,利率互换名义本金从2007年的2 187亿元增长到2013年的2.7万亿元。从交易品种来看,主要包括以Shibor O/N、FR007、Shibor 3M和1yr Depo为基准的产品,其中以FR007和Shibor 3M为基准的互换产品占据了市场的主要份额。从交易期限来看,主要交易期限集中在5年(包括5年)以下。从市场参与者来看,目前参与者主要包括政策性银行、四大国有商业银行、部分股份制银行和外资银行、部分保险公司以及一些商业银行的存贷款企业客户等。虽然政策法规允许企业客户进行利率风险的套期保值,但是,现阶段国内企业的参与度仍然相对较低。

为了发展利率衍生品市场,首先要进一步加强短期同业流动性市场建设。通过扩大交易主体范围,增加可用于回购交易的证券种类,同时丰富回购交易期限以促进回购市场发展。国内短期货币市场期限集中于隔夜和7天,超过7天的资金市场受制于交易对手授信和质押式回购券种难以再抵押。目前银行间市场上,传统质押式回购份额占全部回购市场份额的95%以上,双方交易对手如果进入一笔质押式回购后,质押债券仅仅是在中央登记公司冻结,回购双方都无法动用。需要推进的地方在于:一是大力推进买断式回购,向国际市场管理机制靠拢,资金融出方在得到债券所有权后,可以直接在银行间市场进行现券或回购交易,提高债券的流动性;二是在标准银行间质押回购合同上,根据2013年回购主协议提供更多的方便性,可以通过增加抵押品市值盯市、由交易双方自行协商或通过中央债券登记公司提供盯市服务,为单笔交易提供更多的抵押品更换和增补功能,为现有的债券回购市场提供更适应市场发展的新功能。

其次,要更大力度推广大额可转让存单。在推广大额可转让存单的同时,应当增加同业短期限固定收益产品的交易,以此增加短期资金的透明度。增加和Shibor挂钩资产的供给并提高其交易量,从而提高金融机构对Shibor的敏感度,尤其是针对大额同业存单,可以增加中长期限货币市场工具的供给,使较长期限的Shibor波动性增强,更加真实地反映资金价格。

推进利率衍生品发展对金融市场向纵向和深度发展大有裨益,对金融市场而言,完整的利率衍生品架构将为做市商和其他市场参与者提供更多的避险工具,以应对市场波动带来的影响,从而提高他们为市场提供流动性的能力和积极性。市场参与者可以更准确地表达市场观点,使买卖双方的力量更加均衡,从而减少市场波动。

对做市商而言,完善的利率衍生品市场意味着更多的风险管理方法。这可以增强做市商应对市场波动的能力,增强他们的交易积极性,从而能为债券市场提供足够的流动性支持,有效降低市场单边波动的幅度,使做市商能够更好发挥市场稳定剂的作用。

对债务发行和债务管理者而言,可以节省债务成本。以利率衍生品结构为核心的债务发行方案往往能显著降低发行者的债务成本,债务发行人可在各类结构中灵活选择对自己最为有利的发行方案。从利率市场的历史走势来看,随着货币政策的变化,利率水平存在较大的周期性波动。而企业由于其资本结构、现金流状况的约束,往往有其特定的债务成本要求,利率衍生品将有利于他们对债务成本进行有效管理,从而让金融市场更好地服务于实体经济。

本章测试

单项选择题

1. 下列选项不属于场内交易市场交易的利率衍生品的是( )。

   A. 短期利率期货　　　　　　B. 中长期债券期货

   C. 远期利率协议　　　　　　D. 利率期权

2. 我国市场上,目前交易比较频繁的主要互换合约是基于( )的合约。

   A. 1 天回购利率　　　　　　B. 7 天回购定盘利率

   C. 1 年期定存利率　　　　　D. 3 个月 Shibor 利率

3. 下列有关利率衍生品种类中的远期交易和期货交易的主要差异描述,不正确的是( )。

   A. 远期交易的契约是非标准化的,而期货交易的契约是高度标准化的

   B. 远期交易是非保证金交易,而期货交易需缴纳一定的保证金

   C. 在远期交易中买卖双方的交易对手是结算所,降低了交易对手违约的信用风险,而在期货交易中买卖双方承担交易对手的信用风险

   D. 远期交易采用的交易机制为柜台撮合交易,而期货交易采用的是公开竞价的交易机制

4. 目前,我国国债期货的可交割券为合约到期月份首日剩余期限为( )年的记账式附息国债。

   A. 1 至 4　　　　　　　　　B. 2 至 5

   C. 3 至 6　　　　　　　　　D. 4 至 7

5. 利率期权合约的基本种类不包括( )。

   A. 利率上限　　　　　　　　B. 利率下限

   C. 利率上下限　　　　　　　D. 远期

6. 在场内交易市场进行交易的衍生证券有( )。

   A. 期货　　　　　　　　　　B. 远期

   C. 互换　　　　　　　　　　D. 期权

7. 下列说法正确的是( )。

A. 各可交割债券的转换因子在该国债期货合约上市交易期间持续变动

B. 与交易所市场相比,衍生品场外交易市场的流动性要差一些,合同条款不标准化(如数额、期限、交割等),但却更能满足投资者不同的需求

C. 期权是指买方向卖方支付一定数量的金额后拥有的在未来一段时间内(美式期权)或未来某一特定日期(欧式期权)以事先规定好的价格向卖方购买(看涨期权)或出售(看跌期权)一定数量的特定标的物的权利,必须负有买卖的义务

D. 从做空功能而言,利率互换与国债期货一样都可以实现风险对冲。利率互换由于银行、保险等尚未能参与,主要的参与者是券商和私募机构和部分散户,因此成交量较低

8. 下列说法错误的是(　　)。

A. 当前,无论是场外柜台市场的交易还是交易所的交易,利率衍生品交易已经成为全球衍生品交易市场的主体

B. 投资经理不能利用利率期货改变投资组合的久期

C. 利率期货不同于一般商品期货的独特功能是它可以改变投资组合的期限结构

D. 古典利率理论强调货币供应和货币需求,而非储蓄和投资

9. 利率期货不同于一般商品期货的独特功能是(　　)。

A. 套期保值　　　　　　　B. 改变投资组合的久期

C. 投机　　　　　　　　　D. 套利

10. 某投资经理预计未来利率将上升,债券收益率将会下降,期望缩短投资组合的久期,他应该采取以下哪项措施(　　)。

A. 卖出短期债券　　　　　B. 购买短期债券

C. 购买长期债券期货　　　D. 卖出长期债券期货

11. 利率期货的功能不包括(　　)。

A. 套期保值　　　　　　　B. 投机利率的变化

C. 改变投资组合的久期　　D. 价值储藏

参考答案

单项选择题

1. C 2. B 3. C 4. D 5. D 6. A 7. B 8. B 9. B
10. D 11. D

第六章

固定收益证券组合管理

 学习目标

1. 掌握利率消毒策略和债券指数化策略的基本思想与方法。
2. 掌握单元复制、基于指数收益的复制和基于因子的复制。
3. 掌握择时策略与择券策略的基本思想与方法。
4. 了解免疫策略与现金流匹配策略的基本思想与方法。
5. 了解债券投资的基本原则和技巧。

引导阅读

所罗门兄弟长期公司债券指数(SBLC Index)是20世纪80年代早期流行的指数,该指数主要由长期的高信用等级公司债券构成。由于该指数平均久期过长(约为7.5年),随着利率水平的上升,指数的收益率变差,所罗门兄弟长期公司债券指数被认为风险过高,不能代表市场实际的债券分布。随后,市场参与者大多选用久期较短(约为5年)的雷曼兄弟政府公司债指数(LBGC Index),该指数主要由国债和机构债券组成,也包括投资级别的公司债券,以及外国政府以美元计价的国债和地方政府债券。随着债券品种的扩展和信用衍生品的出现,抵押资产支持证券(MBS)在20世纪80年代末快速发展,雷曼兄弟总指数(现为巴克莱总指数)逐步取代雷曼兄弟政府公司债指数,成为市场最受欢迎的指数。该指数与雷曼兄弟政府公司债指数的主要区别在于,雷曼兄弟总指数还纳入了机构担保的抵押资产支持证券。近十多年以来,雷曼兄弟总指数在业界享有卓越的地位,该指数从1986年1月1日开始公布,其数据可以追溯到1976年,在美国有90%以上的投资者都在使用该指数。从本质上讲,雷曼兄弟总指数是一种基于市场规则的指数,其前提是买入成比例份额的所有投资级别债券,并保证市场的力量能够使资产得到合理定价。①

一般来说,固定收益证券组合管理过程可分为三步:①确定组合管理目标及约束;②根据组合管理目标和约束条件制定组合管理策略;③实施并实时调整组合管理策略。

固定收益证券组合管理的目标可以分为投资型与对冲型:投资型目标的管理者(如债券基金经理)追求的是在风险可控前提下的收益最大化;对冲型目标的管理者(如商业银行)追求的则是风险最小化前提下的收益。

不同的管理目标和约束条件对应着不同的投资策略。对冲型目标的管理者常常采用免疫或现金流匹配等策略,以保证利率风险、信用风险等的最小化。投资型

---

① 资料来源:孙涛. 国际债券指数现状与未来发展趋势(节选). 债券全球视点,2015(09).

目标的管理者所采用的策略与其对市场有效程度的认识有很大关系:保守型投资者认定市场是有效的,当前债券市场的价格已经充分而准确地反映了所有信息,所以他们采用的策略是跟踪复制某一债券市场指数,以求达到市场的平均收益;积极型投资者则认为,市场并非完全有效,市场上总存在这样或者那样的定价错误,或者是市场价格并没有充分反映所有信息,通过利用市场的错误定价或利用自己拥有的信息进行交易可以获得超过平均水平的超额收益;介于这两者之间的是改进的保守投资者,他们一方面采取与保守型投资者类似的跟踪市场指数的策略,但同时认为市场可能存在一定的非有效性,他们会有意通过错配留下一定的风险敞口,以图获得部分超额收益。

第一节 保守的组合管理策略

保守的固定收益证券组合管理策略是以有效市场假说为理论基础的。根据这一假说,债券当前的市场价格已经充分而准确地反映了各种信息,市场上不存在被错误定价的债券,任何试图"超越"市场的操作都只能额外增加交易成本,并不能带来超额收益。所以,采取保守策略的投资者的投资目标就是:达到市场的平均收益。

保守策略最大的优势在于其管理费用与交易成本的低廉。此外,还有人认为,保守策略意味着一种清晰的投资规则,这为债券基金的投资者提供了一个明确的选择。然而,保守策略的反对者们认为,这种策略最大的不足就是不够灵活。由于保守策略大都有明确的指数参照基准,其有限的风险收益组合不一定能完全满足不同投资者的需求。

保守型投资策略一般有三种形式:购买持有策略、利率消毒策略和债券指数化策略。

一、购买持有策略

购买持有是最简单的投资策略,即在对债券的收益和风险进行分析之后,购入某个品种的债券,并持有至债券到期或被赎回为止。在持有期间,不进行任何买卖活动。这种策略虽然十分简单,却不可认为它是无效的,因为它有以下三点好处:①如果持有的债券质量很好,收益率很高,长期持有当然是一种不错的策略;②一直持有可以无视市场利率波动对债券价格的影响,完全规避短期价格波动的风险,保证获得一定的收益率;③可避免债券买卖频繁所带来的交易成本。在市场规模较小、投资者不熟悉市场或不善于运用投资手段时,一般可以采用这种方式。购买持有策略的运用主要通过确定合理的到期期限结构和利率结构来实现。

首先,投资者应该使自己手中持有的债券保持一个合理的到期期限结构。当预测债券行情即将上升时,应采用以长期债券为主的投资结构,这是为了充分利用行情即将上升的优势。因为在利率下降、债券价格上升时,长期债券价格上升幅度更大。在行情即将出现下跌时,则应该主要持有短期债券,这是为了避免价格下降的风险。因为在利率上升、债券价格下跌时,长期债券下跌的幅度更大。在行情较为平稳时,可以采取均衡型期限结构或"两头大中间小"的期限结构。均衡型期限结构是在形势不明朗时所采取的一种策略,其特点是使各种不同剩余年限券种的持有量相同。"两头大中间小"期限结构的特点是持有量大的债券为短期债券和长期债券、持有量小的债券为中期债券,这种结构可以比较灵活地转为以长期债券为主的期限结构和以短期债券为主的期限结构。

其次,投资者所持有的债券应该保持合理的利率结构。同样的,利率结构应该根据对行情的预期来确定:当预计利率即将下降时,应该尽可能多地持有固定利率债券;当预计利率即将上升时,应该尽可能持有浮动利率债券;当行情不明朗时,可以将投资额在固定利率债券和浮动利率债券之间均衡配比。

二、利率消毒策略

如前所述,与利率变动相关的风险有两种:一种是价格风险,另一种是再投资风险。如果市场利率上升,债券的市场价格将下跌,但是此时债券利息的再投资收益显然是增加的;相反,如果市场利率下降,将造成债券市场价格的上涨和再投资收益的下降。很显然,价格风险和再投资风险具有反向变动的特征。这样,我们应该可以找到一种债券,使得市场利率发生变化的时候,债券的价格变动和再投资收益变动恰好可以相互抵消,这就是利率消毒策略。

为了更加具体地解释什么是利率消毒策略,请看下例:假设某投资者在两年后必须取得1 210元的收入,那么他可以投资于面值1 000元、票面利率10%、期限2年、每年付息一次的债券。如果两年期间市场利率不发生变动,则该投资者两年后的收入可分为以下几个部分:①第一年的利息收入100元;②第一年利息再投资产生的收入10元;③第二年的利息收入100元;④第二年末偿还的本金1 000元。这样,该投资者两年后的总收入即为1 210元。但是,如果市场利率在这两年发生了变化,比如说在第一年年末市场利率可能会上升到12%,也可能下降到8%。在这种情况下,该投资者两年后的总收入如表6-1所示。

通过表6-1可以发现,随着市场利率在第一年年末的变化,该投资者两年后的总收入也发生相应变化。显然,在市场利率变化的情况下,该投资者不可能在两年后肯定地取得1 210元的总收入。

表6-1 投资者的收入构成

第一年年末的市场利率	8%	10%	12%
第一年的利息收入	100	100	100
第一年利息的再投资收入	8	10	12
第二年的利息收入	100	100	100
第二年年末偿还的本金	1 000	1 000	1 000
第二年年末的总收入	1 208	1 210	1 212

现在再来考虑这样一种债券:面值1 000元,票面利率10%,距离到期日2.1年,利息分三次于第一年年末、第二年年末和到期日支付。如果上面那个投资者投资于这种债券,那么他就必须在第二年年末卖出债券。同样的,假设市场利率有可能上升到12%,也有可能下降到8%,那么该投资者两年后的总收入如表6-2所示。

表6-2 投资者的收入构成

第一年年末的市场利率	8%	10%	12%
第一年的利息收入	100	100	100
第一年利息的再投资收入	8	10	12
第二年的利息收入	100	100	100
第二年年末卖出债券的收入	1 002	1 000	998
第二年年末的总收入	1 210	1 210	1 210

很显然,无论市场利率上升还是下降,投资者两年后的总收入是恒定的,再投资风险刚好被价格风险完全抵消。

通过计算该投资者的久期,可以发现它刚好等于投资者的预定持有期($D = 2$)。因此,利率消毒策略实际上就是挑选一种债券或者构造一个债券组合,使其久期刚好等于投资者预定的持有期限。

但是,利率消毒策略要想奏效,必须满足两个前提条件:①收益率曲线必须是水平的或者接近水平的;②收益率曲线的变动必须是平行的,即收益率曲线的形状不发生改变。这是因为,当投资者对久期为 T 的债券进行投资时,该债券的剩余到期期限一般总要大于久期 T,但为了达到预期目的,其收益率应和预期收益率相同。这样,不同期限债券的收益率都相同,即收益率曲线是水平的。同时,任何非平行的利率变动都会使收益率曲线不再保持水平。我们知道,在实际中收益率曲线为水平的概率很小,因此利率消毒策略的假设前提很难成立。实践也证明,消毒过的债券投资组合仍然不可能完全规避利率风险。不过有一点是肯定的,如果按利率消毒策略投资,那么对利率风险的规避效果必然优于不采取任何措施的一般投资。

最后还有一点应该注意,当利率发生变化时,债券组合的久期也会发生变化,我们必须通过加入或减少债券,使得债券组合重新变得对利率风险免疫。当然,这样做会使得交易费用增加,因此在对债券组合重新消毒之前,必须要加以权衡:如果利率波动的幅度不是很大,就无须重新进行消毒;如果利率波动幅度较大,就有必要重新进行消毒。

三、债券指数化策略

保守策略最常用的技术是债券指数化策略。债券指数化指设计一种债券组合以使其业绩与某种债券指数业绩保持一致。采取这种策略的主要目的是消除债券的个别风险,通过承担市场平均风险来获得市场平均收益。其基本过程是:投资者依照自身的风险收益要求选择合适的债券指数,再利用市场上可交易的债券复制该指数的全部或者部分风险收益特征。其中的两大关键就是基准指数和复制技术的选取。

(一)债券指数化的利弊

债券指数化策略是目前很流行的一种保守型投资策略,它具有以下几点优势:首先,近几年来的经验数据表明,积极债券管理的业绩并不是很好。其次,实行债券指数化策略的管理咨询费要低于实行积极型投资策略的管理咨询费,一般积极的管理者所要求的咨询费通常为 15~50 个基点,而指数化组合的咨询费只要 1~20 个基点。最后,实行积极投资策略的时候,投资者对债券组合管理者的约束较小,因为积极型投资策略要求债券组合管理者具有较大的自主性。而在债券指数化策略中,投资者可以严格要求债券组合必须同指数相匹配,从而在很大程度上约束了债券组合管理者的行为,使得债券组合的业绩不会大规模地偏离预期。

但是,指数化策略也有其不利的一面。首先,指数化策略使得债券组合的业绩与某种指数相同,但该指数的业绩并不一定代表目标业绩。指数化只是减少了债券组合业绩低于市场平均水平的可能性,指数化的收益率与投资者的目标收益率并不一定有直接的联系。其次,债券指数化策略意味着债券组合管理者所受限制更多,有时候可能会错失好的市场机会。例如,债券组合管理者受指数所包含的债券市场板块的限制,如果某市场板块不被指数所包含,即使它有着很吸引人的机会,债券组合的管理者也不能介入。

(二) 基准债券指数的选取

1. 主要的债券市场指数

投资者要根据自己的风险收益要求合理选择并复制基准债券指数,首先就要了解编制债券指数的基本方法,以及市场中存在哪些主要的债券指数。

债券市场指数是反映不同时点债券价格变动情况的相对指标。通常是先将报告期的债券价格与选定的基期价格相比,并将两者的比值乘以基期的指数值,即为报告期的债券市场指数。债券市场指数的编制远比股票市场指数复杂。首先,债券市场指数所包含的债券数目远多于股票市场指数包含的股票数目,债券种类繁多,例如巴克莱资本(原雷曼兄弟公司)的美国综合指数包括 5 000 余只债券及其他固定收益工具,涵盖国债、公司债、政府机构债券、ABS、MBS,以及少量在美国交易的外国债券,市政债券和通货膨胀联结国债由于税收待遇问题未被纳入;其次,由于债券存在固定的到期期限,因此与股票指数编制不同,债券指数必须定期将即将到期的债券剔出指数外,代之以新的债券;最后,债券市场指数一般都是总收益指数,必须考虑定期支付的利息以及再投资问题。

所谓总收益指数,是与净价指数、全价指数相对而言的。净价指数以样本券的净价计算,完全不考虑应计利息和利息的再投资;全价指数按样本券的全价计算,考虑了应计利息变化对债券价格的影响,但没有考虑利息的再投资;总收益指数以债券的全价计算指数,同时还考虑利息的再投资。从计算公式来看,三种指数均可表达为:

$$I(t) = I(t-1) \times \sum_{i=1}^{n} \frac{P_i(t)}{P_i(t-1)} \times W_i(t)$$

其中：$I(t)$ 为 t 时刻的债券指数；

$P_i(t)$ 为 i 债券 t 时刻的价格；

$W_i(t)$ 为 i 债券 t 时刻的权重。

三种指数的区别在于：净价指数和全价指数使用的 $P_i(t)$ 就是相应债券的净价和全价，总收益指数则相对复杂一些，除了使用全价之外，在付息日还需要加入利息的再投资本息和。具体来看，计算利息的再投资收益时，不同指数假设的投资方式各有不同：有的假设再投资到该债券本身，有的假设再投资到该债券指数本身，有的假设再投资到债券指数基金中。例如，中国的中债财富指数就是假设将利息投资到债券指数中，按照样本整体的到期收益率计算再投资回报。

2. 选择债券市场指数

Martellini 等人（2003）认为，一个可靠的基准指数的选择需要同时满足以下标准：

（1）综合性。基准指数应该能够满足绝大多数投资者的偏好，同时也能够代表市场绝大多数的投资机会。换言之，一个基准指数不应该给予个别券种过高的权重，而应兼顾市场整体。

（2）透明性。基准指数的择券标准应该清晰、简单且客观。证券进入指数的规则应该是明确的。

（3）稳定性。基准指数不应该经常变化，即使发生变化，也必须是容易被市场理解和预期的。

（4）可复制性。基准指数应该便于被投资者复制，以提供可靠的投资参考标准。

（5）无障碍性。构成基准指数的证券不应有投资障碍，这一点在国际资产配置中非常重要。

除了上述基本标准，由于不同债券市场指数所包含的债券到期期限、利率敏感程度以及信用等级等都有很大差异，因此当投资者决定采用保守策略复制债券指数时，他必须选择与自己投资目标匹配的基准指数。具体来看，投资者要考虑以下几个因素：

第一,利率风险。不同指数对于利率变化的敏感性是不一致的。例如,中长期债券指数往往较短期债券指数更敏感,因而在其他条件既定的情况下,对利率风险厌恶的投资者可能更倾向于选择期限较短的债券指数。更为科学的匹配利率风险的办法是采用学过的利率敏感性指标久期、凸性以及关键利率久期等。久期可以用来度量小幅度利率变化对于指数的影响,凸性用来调整利率大幅度变化对指数的影响,关键利率久期则可用来测算利率期限结构扭曲对债券市场指数的影响。

第二,收入风险。通常认为复制短期债券指数有较高的收入风险,因为短期利率波动通常比长期利率大,而复制短期债券指数的组合中所包含的都是短期样本券,其频繁的现金流再投资很容易受到利率变动的影响。与之相比,中长期债券指数往往能提供更稳定的现金流。

第三,信用风险。如果投资者希望持有的资产组合里不包括无风险债券,那么还必须让所选择指数的信用风险与投资目标匹配。在考察指数信用风险时的一个量化指标是价差久期。当发行人的信用风险变化时,债券的信用利差就会扩大或缩小,带来债券预期收益率的变化,最终导致债券价格的波动。

(三) 选择复制技术

市场中复制指数的技术主要包括四种:直接复制、单元复制、基于指数收益的复制以及基于因子的复制。

1. 直接复制

最直接的指数复制技术是精确地按照指数构成券种选择债券,并根据各债券在指数中的权重确定复制组合中各债券的比例。这类技术常用于复制股票指数,应用于债券组合投资时,经常会遇到以下三个问题:

第一,成熟的债券市场指数构成的复杂程度远胜股票市场。以美国证券市场为例,标准普尔的全球股票指数包括1 200只股票,常用的S&P500指数仅包括500只股票,而巴克莱资本的全球债券综合指数包括的债券数量高达5 500余只,而且不同债券在期限、息票率等指标上都存在很大的差异。复杂的债券指数构成使得直接复制债券指数相当困难。

第二,债券指数的调整远较股票指数频繁,这使得精确复制债券指数往往面临很高的交易成本。指数样本券到期或快到期时,就需要剔除并代之以新的样本券;此外,当债券指数是总收益指数时,指数的调整还受到债券利息再投资等因素的影响。

第三,债券市场的流动性不及股票市场,大量的债券交易频率极低,如果在资产组合中包含了流动性不高的债券,投资者对组合的调整很可能无法实时按照市场价格进行,这将额外地增加复制误差。换言之,在复制债券指数时,我们必须考虑因流动性带来的额外成本。实际上,这意味着动态、精确地复制债券指数的技术从实务角度而言是不可行的。

以上三个因素决定了直接复制技术仅仅是一种理论上可行、在实际操作中并不现实的复制技术。更具可操作性的债券指数复制是选择数量较少、流动性较高的代表性券种来复制整个指数的关键特征(如收益率、久期、凸性以及信用等级等),这涉及两个问题:①如何选择合适的券种进行复制;②如何给各券种设定合理的权重。

2. 单元复制

单元复制的基本思路非常直观:既然直接复制在实际操作中非常困难,那就把整个指数按照不同特征分为若干个"单元",并从每个单元中选择一只或几只有代表性的、流动性较好的债券来复制整个指数。具体而言,单元复制主要包括三个步骤:划分单元、选择代表性债券和确定复制组合中债券的权重。

(1)划分单元。划分单元是单元复制技术中最关键的步骤。单元的划分必须涵盖基准指数的主要风险特征,保证在每一单元内债券的风险要素基本一致,包括久期、票面利率、剩余期限、债券类别、信用等级、是否含权以及是否有偿债基金条款等。具体采用哪些标准以及每个标准分类的细致程度取决于投资者对复制精度与交易成本的权衡。例如,对于以下两个不同分组标准:

标准一:久期(小于等于5年、5年以上)、剩余期限(小于等于5年、5年到15年(含)、15年以上)以及债券类别(国债、公司债、资产证券化产品)。这样一共需要将组合划分为 $2 \times 3 \times 3 = 18$ 个单元。

标准二:久期(小于等于5年、5年以上)、剩余期限(小于等于5年、5年到15年(含)、15年以上)、债券类别(国债、公司债、资产证券化产品)以及信用等级(AA及以上、A、BBB)。这样一共需要将组合划分为 $2 \times 3 \times 3 \times 3 = 54$ 个单元。

可以看到,采用的标准越细,越能精确刻画基准指数的风险特征,但由此产生的细分单元(以及所需要的代表性债券数)将急剧增加,抬升了交易成本,从而在一定程度上抵消了复制精度提高所带来的好处,对规模较小的资产组合来说尤其如此。McEnally & Boardman(1979)早期的研究表明,当组合的证券数目达到40只左右时,组合已经能很好地复制基准指数的风险特征。

(2)选择代表性债券。即投资者从每一单元中选择一只或若干只代表性债券用来复制基准指数。代表性债券的选择主要参考以下单方面标准:①流动性好,交易活跃;②债券走势与基准指数的相关程度较高;③主要风险要素接近单元的平均水平。

(3)确定权重。投资者机械地根据每个单元在指数中所占的权重来确定每只债券在资产组合中所占的权重。例如,单元 A 的市值在整个指数中的权重为10%,则在构建的复制组合中,对应的代表性债券 a 占比也应为10%。

与直接复制相比,单元复制的优点在于它减少了需要投资的债券数量,制定了债券选择标准和权重设定规则,大大提高了可操作性。但它的不足之处在于:首先,对于样本券的选取标准略显宽泛,具有代表性和高流动性的样本券可能不止一只,那么选取哪只或哪些样本券进入复制组合就完全依赖于投资者的主观判断,而使用不同债券进行复制的效果可能有较大差异。其次,对于样本券权重的选择又过于确定,不够灵活和合理。在单元复制下,每一类代表性债券的权重与单元在指数中的占比完全一致,没有考虑每一单位及每只债券对组合复制精度的影响(利率敏感性较高、价格波动较大的债券对组合复制精度的影响较大)。如果要实现复制精度的最优化,我们并不能简单地按照债券的市值计算权重,而应根据复制误差对每只债券的权重加以调整。因此,在实际中,投资者很少机械地按照单元复制的原理设定权重,而是会参照复制误差,根据一系列统计指标对债券的券种和权重进行一定的调整。

3. 基于指数收益的复制

与单元复制策略用单元分类的办法选择样本券构造组合不同,基于指数收益的复制技术是利用统计方法对历史数据进行分析,寻找最能复制债券指数历史收益的投资组合。在各种基于指数收益的复制技术中,最常见的一种是跟踪误差最小化技术。

跟踪误差是衡量复制效果的一个重要指标。它度量的是复制组合的收益率与指数收益率的偏离程度,具体定义见公式6-1:

$$TE = \sqrt{Var(R_P - R_B)} \qquad \text{式}(6-1)$$

其中：R_B 代表基准指数的收益率；

R_P 代表复制组合的收益率；

Var 表示方差。

当两者的运动趋势完全一致（即 $R_P = R_B$ 或者 R_P 与 R_B 之差为常数时），跟踪误差趋于 0。换言之，跟踪误差最小化即要求资产组合与基准指数之间表现出尽可能高的相关性。

跟踪误差最小化技术提供了一种债券权重的设定规则。由于：

$$R_P = \sum_{i=1}^{N} w_i R_i$$

其中：组合由 N 只债券构成；

w_i 为第 i 只债券在组合中的权重；

R_i 为第 i 只债券的收益。

将上式代入公式 6-1，可以看出跟踪误差最小化事实上是完成如下最优化过程：

$$\min_{w_1,\cdots,w_N} [Var(R_P - R_B)] = \min_{w_1,\cdots,w_N} \left[\sum_{i=1}^{N}\sum_{j=1}^{N} w_i w_j \sigma_{ij} - 2\sum_{i=1}^{N} w_i \sigma_{iB} + \sigma_B^2 \right] \qquad \text{式}(6-2)$$

其中：σ_{ij} 为各债券收益率方差—协方差矩阵的对应因素；

σ_{iB} 为各债券收益率与基准指数收益率的协方差；

σ_B 为基准指数收益率的标准差。

公式 6-2 表明，跟踪误差最小化的输入变量是各备选债券历史收益率的方差—协方差矩阵以及它们与基准指数的协方差，输出变量是各债券的权重。因此，跟踪误差最小化的过程实际上包括两步计算：首先，计算公式 6-2 的各方差—协方差项 σ_{ij} 和 σ_{iB}；其次，根据计算所得的方差—协方差项进行最小化，而且这一最优化过程是一个有约束的最小化，一个必需的约束条件为：

$$\sum_{i=1}^{N} w_i = 1$$

另一个常用的约束条件涉及市场的卖空约束。如果市场完全禁止各类债券的卖空交易，则还需要添加如下约束条件：

$$w_i \geq 0 (i = 1, 2, \cdots, N)$$

在跟踪误差最小化技术的两步操作中,需要特别注意的是第一步,即有效估计方差—协方差矩阵。最简单的办法是直接使用样本期各债券的方差—协方差矩阵。如果所考察的债券较少,且考察期内各债券的方差和协方差没有明显变化,这种简单方法可以采用。但如果考察的债券较多,或者方差—协方差呈现出一定的时变特征,这种简单方法就有可能带来较大误差。例如,如果复制组合包含30只债券,需要估计的参数有465个,如果方差—协方差矩阵具有时变性,则所需的参数将更多。参数越多,估计和复制误差越大。一种可能的解决方法是使用因子模型来替代样本的方差—协方差矩阵,将庞大的债券方差—协方差矩阵转化为债券与一个或几个因子之间的关系。另外,时间序列模型的发展也为动态估计方差—协方差矩阵提供了一些相对简单、有效的方法。此处不做具体介绍。

在运用跟踪误差最小化技术时,必须了解一点:由于一些现实因素的存在,无论多么完美的组合和跟踪技术,在实际中也不可能做到跟踪误差为零:①交易成本的存在使得投资者在调整资产组合的头寸时无法精确匹配基准指数的收益,交易费用越高、交易次数越频繁,交易成本对跟踪误差的影响越大;②由于在实务中,债券的交易单位是1手,不足1手的债券进行买卖往往是不现实的,这就必然导致实际的债券权重和理论权重存在些许偏差;③市场流动性限制和交易时滞等因素会使得复制组合中的债券实时报价与最终成交价格存在偏差。因此,在投资者从理论上筛选出跟踪误差最小化的复制组合后,实际操作的目标是要在交易成本可控的前提下尽可能地接近理论跟踪误差。

可以看出,与单元复制法相比,基于指数收益的复制技术由于运用统计技术同时对样本券种及其权重进行选择,相对而言更科学一些。在实际应用当中,这两种方法经常被混合使用:首先运用单元复制的思路缩小债券范围,再利用统计方法挑选最适合的资产组合并确定各债券的权重。

4. 基于因子的复制

单元复制策略和跟踪误差最小化策略都是纯粹的保守策略:一旦基准指数选定,资产组合的构建要么被动地按照基准指数的比例进行,要么遵循严格统计规则,忽略了基准指数的风险状况。在实际操作中,我们有时并不需要完全地复制基准指数的所有损益,而只希望复制基准指数的主要风险。对于一些影响较小的风险,投资者有可能不关心,甚至有可能希望通过承担一定的风险获得超额回报。这时候,我们需要一种新的复制手段,其目标不是机械地复制指数构成,而是有效地甄别并复制基准指数的主要风险。基于因子的复制策略满足了这一要求。

基于因子的复制策略包括两个步骤:甄别风险因子、估计因子载荷和复制风险因子。在甄别阶段,我们通过经济理论或者统计规则来识别风险因子。在实际运用过程中,风险因子的数目及其对应的经济含义都不是唯一的:我们可以使用单因子的 CAPM 模型,此时风险因子是债券市场的市场收益;也可以使用因子分析来分解利率期限结构,得到利率变动的三个风险因子(水平因子、斜率因子和曲度因子),将这三个因子代入上述模型计算债券的权重;除此之外,我们还可以考虑更多的风险因子,例如流动性指标、信用利差或者其他相关变量。

在第二阶段,我们主要依赖因子定价模型,确定风险敏感度。假定我们使用某三因素模型,对每只债券 i,我们可以进行如下的时间序列回归:

$$R_i(t) = \beta_1^i F_1(t) + \beta_2^i F_2(t) + \beta_3^i F_3(t) + \varepsilon_i(t) \qquad 式(6-3)$$

其中:$F_j(t)$ 代表第 j 个风险因子的时间序列数据;

β_j^i 代表第 i 只债券的收益率对第 j 个风险因子的敏感度,又被称为因子载荷;

$\varepsilon_i(t)$ 则代表了第 i 只债券的非系统风险。

由一价定律,对整个组合的收益率 $R_p(t)$ 而言,有:

$$R_p(t) = \sum_{i=1}^{N} w_i \beta_1^i F_1(t) + \sum_{i=1}^{N} w_i \beta_2^i F_2(t) + \sum_{i=1}^{N} w_i \beta_3^i F_3(t) + \varepsilon_p(t) \qquad 式(6-4)$$

其中:w_i 为第 i 只债券的权重;

N 为组合中债券的数量。

如果该组合是一个充分分散的组合,则 $\varepsilon_p(t)$ 不应表现出系统性偏差,均值应为 0。对于基准债券指数,我们同样可以进行形如公式 6-3 的回归,其中各参数的含义与公式 6-3 相同:

$$R_I(t) = \beta_1^I F_1(t) + \beta_2^I F_2(t) + \beta_3^I F_3(t) + \varepsilon_I(t) \qquad 式(6-5)$$

在第三阶段的复制中,如果组合能够完美地复制基准指数,则公式 6-4 和公式 6-5 应该是相等的,因而有:

$$\sum_{i=1}^{N} w_i \beta_1^i = \beta_1^I, \sum_{i=1}^{N} w_i \beta_2^i = \beta_2^I, \sum_{i=1}^{N} w_i \beta_3^i = \beta_3^I, \sum_{i=1}^{N} w_i = 1 \qquad 式(6-6)$$

公式 6-6 给出了四组等式约束,这也是基于因子的复制技术的关键。根据这一等式,投资者构建的资产组合与基准指数对三个风险因子的敏感程度是完全一致的,这意味着在这三个因子上,投资者完全复制了指数。如果用来构建资产组合的债券大于4只,公式6-6给出的等式约束不能唯一确定组合中各债券的权重,此时,我们需要结合其他规则(例如跟踪误差最小化)确定组合中债券的最优配置。

基于因子的复制策略最大的优势在于其灵活性。这种复制策略识别出基准指数的风险因素,并估计出相应的风险敏感度,投资者完全可以根据自己的需求自行调整β系数,很容易实现风险收益的系统性调整。例如,在上述的三因子模型中,如果$\beta_1^I > 0$,意味着投资者可以通过承担更多F_1因子的风险来获得对应的风险报酬。这样,当投资者预期市场上F_1因子将出现正向变动时,他们完全可以通过改变如下约束来获得超额回报:

$$\sum_{i=1}^{N} w_i \beta_1^i = \beta_1^p > \beta_1^I$$

其中:β_1^p为投资者复制组合的目标β系数。

正是由于这一原因,许多学者并不将基于因子的复制策略归结为经典的保守策略,认为它属于介于保守策略和积极策略之间的"经改进的保守策略"。

本节重点讨论了保守的固定收益资产组合管理策略。一个典型的保守策略包含两个关键步骤:选择指数和复制指数。在复制步骤,根据灵活性的不同,我们可以选择单元复制、基于指数收益的复制(跟踪误差最小化复制)和基于因子的复制策略。单元复制是完全不存在模型依赖的,它仅需考虑如何将指数分成合理的"单元"并选择代表性债券,当且仅当单元的构成出现较大变化时,单元复制策略才需要进行较大幅度的调整。跟踪误差最小化关心的是复制指数的收益,它必须依赖历史数据估计出各债券的最优权重,其暗含的假定是:在较短的时间内,债券的最优权重是不变的,至少是相对稳定的,这一策略还依赖于对方差—协方差矩阵的有效估计。基于因子的复制策略关心的是对风险敏感度的复制效果,这一策略依赖于所选因子模型的可靠性,与跟踪误差最小化策略相同,这一策略同样依赖于通过历史数据估计参数,因此它们都无法捕捉历史上从未出现的结构性变化。

第二节　积极的组合管理策略

一、积极管理策略的理论基础

保守的固定收益证券组合管理策略的理论基础是有效市场假说,即债券的市场价格准确地反映了各类定价信息以及投资者预期。然而,在现实世界中,债券市场并非总是有效的:一方面,由于信息不对称的存在,不同投资者对于市场利率的预期不一致;另一方面,各类不同债券可能存在错误定价,导致市场利率期限结构出现异常。这两方面的市场非有效性正是积极的固定收益债券组合管理策略产生的动机。使用积极的组合管理策略的投资者并不满足于获得市场平均收益,他们总希望通过发现市场错误定价或者通过自己对于未来债券价格走势的预测能力获得超额回报。市场有效性低所带来的潜在的获取超常收益的机会包括两个方面:

一是影响市场利率的信息尚未充分反映在债券价格中,投资者可以通过利率预测来获取超常收益。我们已经知道,市场利率是影响债券价格的重要因素。投资者通过对影响市场利率的信息(如市场利率变动的历史趋势特征、宏观经济运行状况以及利率政策变动等)加以分析后,如果做出利率下降的预测,则可以通过增加债券组合久期的方法来更多地分享利率下降带来的资本利得,从而获得超常收益;反之,如果通过相关信息的分析后做出利率上升的预测,则可以减少债券组合的久期以减少利率上升造成的资本损失,这样也有可能使投资者的总收益超过市场平均收益水平,即获得超常收益。

二是影响债券违约溢价的信息尚未充分反映在债券价格中,投资者可以通过寻找价格被误定的债券以获取超常收益。其中,影响债券的信用质量从而影响其违约溢价的信息主要包括宏观经济环境、行业因素、公司的经营和财务状况等,投资者可以通过对这些信息的分析来评估一种债券当前的违约溢价是否过大或过小,并基于此采取相应的策略以获取超常收益。

从积极管理策略的理论基础可以看到该策略的风险。首先,投资者能否对相关信息做出准确的分析和判断。其次,即便对相关信息做出了较为准确的分析和判断,也可能难以确定当前的债券价格是否已经在很大程度上反映了这些信息。因此,积极管理策略让投资者在有机会获得超常收益的同时也承担着相应的风险。

二、择时策略

整体来看,积极管理策略也可以分为两类:择时策略与择券策略。采用择时策略的投资者首先预测未来收益率曲线的变化形态,之后根据对收益率曲线的预测进行债券投资;采用择券策略的投资者则关注当前市场上各债券间的相对价格,发掘被相对低估或者高估的债券,据此进行投资。在积极管理策略中,投资者有可能是通过承担了一部分额外的风险来获得高于市场平均水平的预期收益,因此评价积极的固定收益证券组合管理策略需要引入经风险调整的收益指标。

择时策略,是根据当前的利率期限结构形态以及投资者对利率期限结构变化的预期来实时调整资产组合。与股票投资中的择时策略不同,该策略通常需要考虑一整条利率期限结构的变化,进而对一系列不同期限的债券头寸进行调整,因此固定收益证券中择时策略的分析远较股票投资的情况要复杂。我们从最简单的情况(即预期利率期限结构不变)开始,展开对择时策略的讨论。

(一)预期利率期限结构不变且利率期限结构向上倾斜时的择时策略

这种情况下的择时策略是一种非常传统的策略,往往被称为"驾驭收益率曲线"。当投资者采取这一策略时,他只需要购买期限比目标投资期长的债券,并在投资期结束(此时债券并未到期)时卖掉该债券。当利率期限结构不变且上倾时,投资者所购买的债券剩余期限越长,他的预期收益将越高。其获取超常收益的机制是,在一条正向的收益率曲线保持不变的情况下,债券的到期期限随时间的推移而缩短将导致收益率"自然"下降,由此给投资者带来资本利得。

驾驭收益率曲线并非无风险策略:当利率期限结构变得更为陡峭时,投资者的利润将减少甚至亏损。这也是基于投资者预期的择时策略在很多文献中经常被称为"择时赌博"的原因。

(二)预期利率期限结构发生水平移动时的择时策略

当投资者预期利率期限结构发生水平移动时,他们就可以灵活调整组合的久期以追求超额回报。这种对久期进行简单调整的策略被称为简单的择时策略。

当投资者预期利率期限结构将出现平行下移时,他往往提前将组合中的债券置换为剩余期限较长、息票率较低的债券以增加债券组合的价值。

反过来,当投资者预期利率期限结构将出现平行上移时,投资者常见的做法是提前将组合中的债券置换为剩余期限较短的债券以尽量降低组合的久期,并不断地滚动展期,直至投资期结束。这一策略经常被称为滚动策略。

这种简单的择时策略并非无风险策略:当投资者购买的债券剩余期限长于目标投资期时,投资者承担了投资期末债券价格的不确定性;当投资者的资产集中在剩余期限较短的债券时,他们承担了较大的再投资风险。

(三)子弹策略、杠铃策略、梯式策略与蝶式策略

子弹策略、杠铃策略与梯式策略是三种常见的基本债券组合投资策略。这三种策略一方面能够满足投资者对特定利率期限结构变化形态进行投资的需求,本身在实务中应用广泛;另一方面,通过对这三种策略的积木式再组合,投资者可以构建出更丰富、更复杂的债券组合投资策略。

1. 子弹策略

子弹策略意味着投资者集中投资于某一剩余期限的债券。投资者采用这一策略可能是应对某一特定期限的资金需求,也可能是投资者预期未来某个特定期限的利率将发生有利变化,而不是整条收益率曲线发生变化。

2. 杠铃策略

杠铃策略意味着投资者将资金分配于短期债券和长期债券,而不投资于中期债券。当投资者预期长期利率将发生有利的变动、中短期存在一定的不确定因素时,杠铃策略的长端能使投资者捕捉长期利率的有利变动,而短端使投资者免受短期内利率不确定的影响。即使中期市场情况发生有利变动,组合中的短期债券也能为投资者保留足够的流动性,捕捉利率变化可能带来的好处。

3. 梯式策略

梯式策略意味着投资者将资金较为均等地分配于各个期限的债券。梯式策略一方面为投资者提供了较规律的现金流,并且在头寸配置上具有足够的灵活性,与简单地购买长期债券并持有到期相比,投资者可以定期对组合的头寸进行调整;另一方面,从积极投资的角度来看,梯式策略是用来捕捉整条收益率曲线或者收益率

曲线某一部分有利变化的良好工具。例如,如果投资者认为当期利率将出现有利变化,他可以将资金较为均等地分配在1个月到1年期的货币市场工具上。从这个角度而言,梯式策略可以看成是子弹策略的组合扩展。

4. 蝶式策略

蝶式策略假设投资者面临这样一种状况:未来的市场是不确定的,利率期限结构有可能出现较大幅度的平行变动,但变动的方向未知。投资者不希望利率的平行变化给自己的资产组合带来损失,但他们希望从利率期限结构的大幅波动中获利。此外,投资者希望组合能够实现现金中性,即在不考虑交易成本的情况下,他们的初始投资为零。

投资者的上述目标要求其资产组合的美元久期为0(组合价值不因利率水平的小幅波动受损),并要求目标组合有正的凸性。我们知道,给定久期,杠铃策略的凸性高于子弹策略的凸性。因此,我们可以买入杠铃策略对应的债券,卖空子弹策略对应的债券,通过调整各债券的比例实现美元久期为0、美元凸性为正的投资目标。同时,投资者保证买入的债券组合与卖空的债券组合价值相等,实现组合的现金中性。这种蝶式策略被称为现金中性的蝶式策略。

(四) 如何预测债券收益率的变化

择时策略成败的关键取决于对利率期限结构或债券价格未来走势的预期是否正确,其中涉及的问题是:债券未来的收益率是可以预测的吗?大量的经验数据表明,利率期限结构或债券市场走势至少在一定程度上是可以预测的。基于这一事实,早在20世纪70年代,业界已开始结合对未来利率的预测,运用策略式资产配置(TAA)进行组合管理。

多因子模型常被用来预测债券市场的收益率变化,其理论基础在于:经济环境和金融市场中的不确定性的确会对债券市场产生影响。例如,当经济面临很强的不确定性时,投资者更愿意购买信用等级高的债券,国债价格升高,造成国债指数表现好于高收益债券指数。因此,投资者可以选择一些能够反映经济形势变化和市场情绪变化的先导指标,建立多因子模型,辅之以统计手段对未来利率或债券收益率的走势进行预测。常用指标包括:

1. 经济环境指标

经济环境指标通常包括:通货膨胀率(例如CPI、PPI等价格指数)、货币供应量

(例如 M0、M1、M2 等货币供应量的不同测度)、经济增长指标(例如季度 GDP、月度的消费、工业增加值、固定资产投资、进出口等指标)。

2. 市场环境指标

市场环境指标包括：短期的无风险利率、股票市场的平均红利率、债券的信用利差、债券的期限利差、市场总交易量以及期权市场的隐含波动率等。

使用多因子模型预测未来收益率时需要经过校准、检验和预测三个步骤。在校准阶段，投资者利用过去的收益率和风险因子进行滚动回归，得到模型的参数序列；在检验阶段，投资者对所估计的模型和参数进行样本外的回溯检验，选择样本外预测效果较好的模型。

三、择券策略

择券策略，顾名思义，就是选择价格被低估的债券。择券策略的思想与金融学中提到的"套利"概念有相似之处，但其涵盖的范围更广。除了无风险套利外，两个债券组合的风险源并不需要完全一致，只要投资者认为两只债券的相对价格当前是不合理的，或者其相对价格未来会呈现出某种可预期的变化形态，投资者都可以采用择券策略交易。根据择券策略使用债券的不同，这一策略又被进一步细分为同类债券间的套利交易和不同类债券间的套利交易。

（一）同类债券间的套利交易

同类债券指的是可以相互复制，或者理论上具有相同收益率曲线结构的债券。剩余期限给定的国债和相应的息票分离债，以及同一信用等级的公司债都属于同类债券。

当两个债券属于同类债券时，可以用上文提到的无风险套利原理，当两者的价格不一致时，可以通过买空和卖空来实现稳定的无风险收益。例如，给定期限的国债与其对应的息票分离债券之间存在如下复制关系：

$$P(t,t_n) = \sum_{i=1}^{n} c \times B(t,t_i) + 100 \times B(t,t_n) = \sum_{i=1}^{n} S(t,t_i)$$

其中：$P(t,t_n)$ 代表 t_n 时刻到期、息票金额为 c 的国债在 t 时刻的价格；

$S(t,t_i)$ 代表基于该债券的 t_i 时刻到期的息票分离债券当前的市场价格。

显然，如果当前国债的价格高于对应息票分离债券的价格之和，投资者可以持有息票分离债券并卖空国债,用息票分离债权提供的现金流收入来满足所卖国债的现金流支出,锁定无风险利润 $P - \sum_i S$。反过来,如果当前国债的价格低于对应的息票分离债券的价格之和,投资者买入国债、卖空息票分离债券,锁定无风险利润。

上面的无风险套利方法虽然易于理解,但是实际操作中却很难实现,因为根据有效市场假说,市场有效性程度高时,这种明显的定价错误极少存在。Jordan 等人(2000)的研究就表明,在美国市场中,考虑交易成本后,息票分离债券与国债之间很少出现套利机会。因此在现实中,更常见的情况是将债券市场实际的利率期限结构与理论利率期限结构进行比较,以判断债券的市场价格相对其理论价值是否出现偏离,这种分析方法被称为高低价格分析法。

总体而言,高低价格分析法包括以下几个步骤:①计算债券的理论到期收益率;②对债券理论与实际到期收益率的差异性进行统计检验,判断这一利差在统计意义上是否显著;③如果存在显著差异,则构建风险套利组合。

高低价格分析法的第一个关键是计算债券的理论到期收益率。理论到期收益率指的是根据与该债券具有相同风险源(注意包括所有风险,例如利率风险、信用风险以及流动性风险等)的其他债券的到期收益率计算出来的到期收益率。同时,我们也可以利用该债券的市场价格计算出该债券实际的到期收益率。如果债券的实际到期收益率低于其理论的到期收益率(意味着债券价格相对其理论价值高估),则投资者构造的套利组合应包括该债券的空头头寸;反过来,如果债券的实际到期收益率高于其理论的到期收益率(意味着债券价格相对其理论价值低估),则投资者构造的套利组合应包括该债券的多头头寸。

高低价格分析法的第二个关键在于合理统计方法的运用。对于一段给定的历史样本,我们可以得到实际到期收益率与理论到期收益率之差的历史序列,并在一定的分布假设下计算该利差的置信区间和对应的显著性水平,这种方法被称为 Z 值分析。例如,假设该利差的分布服从正态分布,如果 60 个交易日该价差序列的样本均值为 0.03%,样本的标准差为 0.04%,当前的价差为 -0.11%。在 1% 的显著性水平下,这一价差的出现为小概率事件。我们可以认为,此时该债券更有可能被高估,应予以卖空。当然,我们可以改变关于分布的假设,使用其他更符合样本统计特征的理论分布或者直接使用历史分布进行检验。

为什么需要借助统计方法来检验利差的显著性,而不直接利用利差进行投资决策呢?一个重要的原因是:模型的估计误差,单只债券与计算理论利率期限结构的资产在风险、流动性等方面存在的细微偏差,都有可能导致债券理论与实际到期收益率存在系统性的偏差,并不代表市场定价不合理。借助历史样本和统计手段,我们可以有效区分真实的系统性偏差和因为不合理的市场定价带来的偏差。

(二) 不同类债券间的套利交易

不同类债券指的是它们的风险源不同。例如,美国国债一般被认为没有信用风险,公司债则存在信用风险。

不同类债券间的套利交易可以分为两类:

1. 基于相对定价偏误的套利交易

其基本思路是:如果经济背景、市场状况等因素没有发生重大变化,风险溢酬就应该是相对稳定的。若两种固定收益证券的收益率之差相对其历史水平出现了较大幅度的偏离,很有可能意味着市场出现了错误定价,从而投资者可以买入价格被低估的证券、卖空价格被高估的证券,等待市场定价错误得到纠正。借以甄别这种收益率之差异常变动的工具仍然是各类统计工具,例如 Z 值分析。在实际操作中,投资者经常使用的两类收益率之差包括:①国债收益率与互换利率之差;②公司债收益率与互换利率之差。前一利差隐含的主要是 AAA 级中长期国债市场利率与 AA 级银行间市场利率的信用风险溢酬、流动性风险溢酬以及税收待遇的差异,而后一利差隐含的是评级较低的公司债利率与 AA 级银行间市场利率的信用风险溢酬与流动性风险溢酬。

2. 基于风险溢酬的套利交易

其基本思路与第一类不同,它并不认为风险溢酬是稳定不变的,相反,它认为收益率差别的背后对应着一系列可观测的风险因素。因此,投资者可以通过预测未来收益率之差的变化进行投资。例如,未来的经济背景和市场状况变化将导致风险溢酬变化,从而导致收益率之差缩小,投资者可以通过买入未来相对升值的债券、卖出未来相对贬值的债券获得利润。基于风险溢酬的套利交易经常被用在国际投资中:一种可能是在某些极端情况下(例如经济危机时),风险溢酬的急剧增加使得两个经济主体发行的债券利率差距也迅速增加,而随着市场的平复,利差将趋于收敛；另一种可能是不同经济主体间关联度的增加也可以缩小利差。

必须注意到，基于相对定价偏误的套利交易与基于风险溢酬的套利交易都是有风险的。基于相对定价偏误的套利交易基于历史统计规律，这就隐含了两个假定：①历史会重演，极端事件的发生是不可能或者"几乎不可能"的；②用以分析利差历史水平的统计模型是准确的。一旦极端事件发生，或者模型构建、估计出现偏差，基于相对定价偏误进行套利交易的投资者都有可能遭受巨大损失，而且这些损失都是事前极难预料的。与此类似，基于风险溢酬的套利交易主要关注的是某一类风险带来的风险溢酬的变化，往往忽略或者根本无法预知其他风险源的交互影响，从而错判利差的变动方向与幅度。此外，不论是基于相对定价偏误的套利交易还是基于风险溢酬的套利交易，一般都需要卖空操作，这意味着在整个策略的进行过程中，投资者必须留下足够的现金满足卖空交易的保证金要求。一旦投资者无法提供足额的维持保证金，其空头头寸将被强制平仓，使得策略进行过程中的浮动亏损变为现实亏损。

四、利率预测法

债券的价格主要受利率的影响，因而在债券投资中，投资者主要依靠分析利率的走向和变动的幅度来决定债券的买进或卖出。在债券市场上，可以利用的利率变动有三种，即利率总体水平的变动、不同券种之间收益率差的变动、某些个别因素导致的单个债券品种收益率的变化。

（一）利率总体水平的变动

债券的市场价格和利率之间存在着密切关系，即利率上升，债券价格下降；利率下降，债券价格上升。如果投资者能够准确预测利率的走势，就可以在利率即将上升之前卖出债券，在利率即将下降之前买入债券，从而使得自己的收益最大化。

（二）不同券种之间收益率差的变动

不同品种的债券之间存在收益率差，而且这些收益率差会随着某些客观条件的变化而变化，收益率差的变化也会给投资者带来很好的投资机会。投资者首先必须对收益率差的趋向做出预测，在掌握收益率差变动方向之后，才可以据此进行买卖操作。如果预测收益率差将变小，投资者应投资于收益率较低的品种、卖出收益率较高的品种；相反，当预测收益率差将增大时，投资者应投资于收益率较高的品种、卖出收益率较低的品种。

(三) 单个债券品种收益率的变化

单个债券品种收益率的变化虽然也会引起该品种与其他品种之间收益率差的变化,但是它们之间有着本质的差别。前者指的是由单个品种本身基本状况的改变而引起的收益率变化,因而只要对该品种债券及其个别环境进行分析就可以了。后者则是外在因素作用下不同品种债券之间收益率差的变化,品种本身的基本状况并未改变。

运用利率预测策略进行债券投资时风险较大,原因在于利率的变动受各种各样的因素影响,很难预测。其中,预测利率下跌时的风险又更大一些。当预测利率上升时,投资者降低债券的平均到期日,债券收益变动的幅度缩小。在这个过程中作为投资者遭受的损失包括:一是随着债券平均到期日的降低,债券利息收入减少;二是如果利率预期错误,实际上利率下跌,投资者就丧失了债券价格上升的收益,这是一种机会成本。反过来,当预期利率下跌时,投资者延长债券的平均到期日,债券投资中债券本身所带来的利息收入的再投资收益减少,但更大的损失是,一旦利率预测错误,由于平均到期日更长,所以损失会更大。

对利率进行预测的主要依据是宏观经济周期、资金供求、货币政策和财政政策这四个方面:①宏观经济周期。市场利率的波动与宏观经济波动之间存在着高度的相关性,宏观经济的萧条往往伴随着市场投资需求的下降与资金的相对过剩,从而造成利率下降;相反,宏观经济的繁荣会造成市场资金的相对紧缺,引起利率上升。国家统计部门、某些经济组织和某些专业机构等定期公布的对国民经济前景的预测是对宏观经济周期预测的重要参考。②资金供求。利率可以被认为是资金的价格,由市场可贷资金供给和需求的均衡来决定。因此,可以通过分析市场资金供求情况来确定利率的变动方向。这种分析包括两个方面:一是全国性的资金供给和需求,从而了解利率总体水平的趋势;二是金融市场中各个部分的资金供求情况,从而了解每一个局部市场内的利率前景。③货币政策。货币政策方面主要是分析央行的公开市场业务、准备金比率和再贴现率的变动,从货币供需情况来对利率进行预测。④财政政策。财政政策主要是从政府的开支和税收方面分析当前或将来是宽松性财政政策还是紧缩性财政政策,宽松性财政政策会导致利率上升,紧缩性财政政策则导致利率下降。

五、债券互换

债券互换是最为典型的积极管理策略。债券互换不是建立在利率预测的基础上,而是建立在投资者对不同债券之间收益率关系的了解基础上,它是利用市场上短期供需变化引起的收益率关系扭曲而进行的债券交易。根据实施互换所依据的理由,这类策略大致可以归纳为以下五种方式。

(一) 替代互换

替代互换是指在两种各方面特性相近的债券之间进行的互换。在期限、息票利率、信用等级、赎回特征及偿债基金等条款上基本相同的两种债券应当有基本相同的价格或到期收益率,如果两种债券的市场价格或收益率之间出现较大差异,投资者就可以采用替代互换策略以期获得超常收益。这种互换依赖于资本市场的不完善性。由于暂时性的市场不平衡,这种情况有时会在债券市场上出现。投资者在进行替代互换时所面临的风险,就是他所购买的债券在事实上可能并不等同于被交换的债券。

(二) 市场间价差掉换

市场间价差掉换的原理和方法类似于替代互换,只不过是在债券市场的各个子市场(如国债市场和公司债市场)之间由于相似债券的收益率差进行的互换。如果债券市场的两个子市场之间的收益率差相对于历史平均水平过大或过小,投资者就可以采用这种互换策略。例如,当前 15 年期的国债和 15 年期的 A 级公司债的收益率差是 1.8%,而过去 5 年内这一数据的平均值是 2.4%。如果投资者认为收益率差的这一偏离是暂时的,一段时间后将回到历史平均水平,则可以卖出公司债而买入国债。当然,投资者需要分析造成这一偏离的原因,如果经济刚刚摆脱多年的衰退期而进入上升周期,公司债与国债之间的收益率差缩小就可能是正常的,在这种情况下,上述互换策略可能不会有什么效果。

(三) 利率预测互换

利率预测互换是指根据对未来利率变动趋势的预测,在不同久期的债券之间进行的互换,以改变持有结构或投资新组合。当预期利率将会上升时,投资者可以把久期较长的债券互换为久期较短的债券,以减少债券价格下跌带来的资本损失。相反,当预期利率下降时,投资者可以把久期较短的债券互换为久期较长的债券,以获取更多的资本利得。显然,这种策略的主要风险在于利率预测出现偏差甚至错误。

(四)净收益增长互换

净收益增长互换是指将到期收益率较低的债券互换为到期收益率较高的债券。这种策略并不是基于某种价格误定或者对利率的预测而采取的,而是投资者愿意承担更多的风险以获取更高的收益。

(五)税收互换

税收互换是为了获得税收方面的好处而进行的互换。例如,某投资者以102元购买的债券现在已经跌到了97元,他可以将这种债券互换为另一种价格下跌幅度相当甚至更大的债券,这样,他实际上并没有"斩仓"出局,却因为将前一种债券上的损失变现而可以获得税收方面的好处。

六、久期分析法

久期分析法的思路是这样的:预先决定好所买进债券的持有期限,假定为5年,然后预测未来5年利率的收益曲线,最后计算在债券持有期结束时的债券价格。将债券持有期间投资者得到的利息和由于债券价格上涨所得到的资本利得这两者相加,就得到了投资债券的总收益。

假定一张20年到期的面值为1 000元的债券,利息率为每年的10%,每半年付息一次,债券销售价格为1 092.01元。如果我们仅想持有5年,5年之后把投资收益进行再投资,而那时债券的到期日仍有15年,所以债券投资者就要通过预测第5年年末时的利率,以决定第5年年末时的债券价格。如果未来5年的利率均为8%,那么债券的期末价格为1 172.92元。债券目前的售价为1 092.01元,而5年后的售价为1 172.92元,因此投资于该债券的资本收益为80.91元,这就是债券的资本收益。债券投资的另一个收益来自于利息收入600.31元,所以债券5年的投资总收益为681.22元。

投资者可以运用这种方法对不同到期期限的债券进行比较分析,然后选择对自己最有利的一种进行投资。可以看出,这种方法的关键就是确定一个持有期限以及对持有期限内利率收益曲线的分析,因此这种方法也是利率预测法的一种运用。

七、收益率曲线法

这种方法有两个前提：①利率收益曲线的斜率为正；②预期收益率在债券持有期间不变。在这两个条件下，随着时间的流逝，债券的到期日越来越近，由于收益曲线的斜率为正，因此到期日越近的债券，利率越低，从而债券的价格越高。债券投资者就利用这一点来赚取债券的资本收益。

以贴现债券为例，假定10年期债券面值1 000元，目前收益率为9%，9年期1 000元贴现债券目前收益率为8.8%，这样10年期贴现债券目前买价为422.41元，买入持有1年后相当于9年期贴现债券。如果收益率仍为8.8%，这时可卖468.10元。计算得出这一年投资债券的收益率为10.82%。

八、积极组合管理策略的评价

如何来比较前面介绍的各种投资策略并做出选择呢？显然，简单比较事后的已实现收益率并不可取，我们需要的是一套前瞻性的、将风险和收益结合到一起权衡的方法。因此接下来，我们简单介绍事前风险评估方法与经风险调整后的收益指标。

（一）事前风险评估

最常用的风险指标无疑是资产组合收益率的波动率，即组合收益率的年化标准差，其度量的是一段时间内组合收益率的变动幅度。在给定组合收益率分布的情况下，我们还可以计算在险值（VaR），考虑极端情况出现时，在一定的概率下，组合的收益不会低于什么样的水平。

但基于波动率与VaR的事前风险评估体系还有待进一步完善：一方面，尽管波动率和VaR能够提供在极端情况下，组合收益在一定概率下不会低于什么样的水平，但它们并不能提供关于极端损失的信息；另一方面，波动率和VaR提供的信息不太直观，我们很难将风险因子的变化与资产组合的损益直接挂钩。因此，我们需要引入其他的辅助手段来补充基于波动率和VaR的事前风险评估框架，如情景分析与压力测试等。

1. 情景分析

情景分析是指假设多种风险因子同时发生特定变化的不同情景，计算在这些特定情景下资产组合可能的损益,以分析正常市场状况下组合收益的风险状况。这些情景一般都涵盖正常情景、最佳情景和最差情景。情景分析的优势在于情景的设定相对灵活,可以由专家进行人为设定,也可以直接使用历史上发生过的情景,还可以从对市场风险要素历史数据的统计分析中得到。情景分析是多种因素相互作用的综合性影响分析,因此在进行情景分析时,各种不同风险源的相关性就变得十分重要。如果将多因素的情景分析退化为单因素的情况,这种情景分析就被称为敏感性分析。

2. 压力测试

压力测试的基本思路与情景分析相似,不同之处在于情景的构成。情景分析考察的是正常市场状况下组合可能的收益,而压力测试考察的是极端不利的情况发生时,组合的最大亏损有可能达到一个什么样的水平。所谓"极端不利的情况",既包括历史上发生过的重大损失情景,也包括假想的损失情景。假想的损失情景又包括模型假设或模型参数不再适用,市场价格巨幅波动,原本稳定的关系(如相对价格、相关性、波动率等)被打破,市场流动性急剧降低,相关关系走向极端或外部环境发生重大变化等情景。一般而言,在设计压力情景时,既要考虑风险要素变动等微观要素敏感性问题,还要考虑宏观经济结构和经济政策调整等宏观层面的因素。

总的来看,波动率、VaR、情景分析、压力测试如果单独用做风险的测度指标都有不足。然而,将这些指标相互综合,我们就能从多个维度得到关于资产组合未来收益分布的相关信息,这就为投资者进行事前风险评估提供了极有意义的参考。

(二)经风险调整的收益指标

现在来讨论固定收益证券组合策略评价的另一个方面,即如何评价组合投资所获得的收益。显然,直接使用事后的已实现收益率作为评价标准是不合适的,其原因有二:第一,风险与收益总是相伴而生的,过高的投资收益往往也预示着策略本身的高风险。合理的投资策略应该是在风险水平给定的情况下做到收益最大化,这就涉及风险和收益权衡的问题。第二,根据经典的资产定价理论,任何资产的收益都可以分解为两部分,即市场收益与异常收益。市场收益指的是由于市场风险因素变化带来的证券价格普遍性上涨或下跌,而异常收益是超出(或低于)市场收益的那一部分收益,它可能包含了与投资策略相关的信息。评价一种投资策略的好坏,尤其是评价积极性投资策略时,我们不但关注绝对收益,更关注基于这一策略的组合有没有战胜市场组合,这就需要我们将收益进行分解,引入基于异常收益的测度指标。因此,在这部分我们将着重介绍两类经风险调整的收益指标:一类指标衡量的是投资者承担单位风险所获得的收益,其典型代表是夏普比率与特雷诺比率;另一类指标衡量的是扣除市场风险之外获得异常收益的能力,其代表有詹森指数。

1. 夏普比率和特雷诺比率

夏普比率衡量的是承担每单位风险所能获得的超额收益,其计算公式为:

$$夏普比率 = \frac{E(R_P) - R}{\sigma_P}$$

其中:$E(R_P)$ 代表资产组合的预期收益率;

R 为市场无风险利率;

σ_P 为资产组合的波动率。

粗略地看,夏普比率衡量了投资组合策略风险—收益的权衡效率。如果夏普比率远低于市场平均水平,一方面可能是由于策略带来的收益过低,另一方面可能是该策略承担了远高于市场平均水平的风险。即便这种策略获得了很高的事后收益,站在事前角度来看,投资者依然需要对此保持警惕——这样的策略往往具有过度投机的倾向。

夏普比率的优势在于直观、简洁且易于计算。但它对风险的刻画过于简单。①夏普比率认为波动率代表了资产组合的风险,这里隐含的假定是资产组合收益率的分布可以完全由一阶矩和二阶矩刻画,或者说,资产组合收益率的分布是正态分布,因而可以忽略高阶矩带来的影响。然而经验证据表明,在很多情况下,高阶矩(如偏度和峰度)也是风险因子,有可能影响资产的预期收益。②夏普比率对风险刻画过于简单的表现还在于它没有区分系统性风险和非系统性风险。对此的改进是特雷诺比率,它使用 β 系数而不是波动率作为风险的测度指标。其计算公式为:

$$特雷诺比率 = \frac{E(R_P) - R}{\beta_P}$$

其中:β_P 为组合的 β 系数。

2. 詹森指数

夏普比率和特雷诺比率考虑的都是经风险调整的绝对超额收益,它们并没有将超额收益部分 $E(R_P) - R$ 进一步区分为市场收益与异常收益。做出这一区分的是詹森指数,其计算公式为:

$$詹森指数 = \alpha = E(R_P) - R - \beta_P[E(R_M) - R]$$

其中:$E(R_M)$ 为市场组合的预期收益。

从上可以发现,其实詹森指数对应的就是资本资产定价模型(CAPM)的 α 项,度量的是资产超额收益中无法由市场收益解释的部分,这也是詹森指数经常也被称为詹森 α 的原因。

詹森指数刻画的实际上是战胜市场的能力。在詹森的原始模型中,其市场基准模型使用的是 CAPM 模型,但事实上我们完全可以拓展原始的詹森指数,将其他的资产定价模型(如因子定价模型、消费资本资产定价模型等)引入这一体系充当基础模型,用以衡量策略所获得的超额收益相对不同基准的异常水平。

第三节 对冲型组合管理策略

前面两节主要讨论了投资型组合管理策略,本节将对对冲型组合管理策略进行探讨。本节所阐述的内容也是商业银行资产负债管理技术的核心之一。

对于商业银行来说,它面临的主要是利率风险,对冲型组合管理策略就是要通过固定收益组合的管理来使上述风险最小化。此处我们主要讨论两种对冲型组合管理策略:免疫策略与现金流匹配策略。免疫策略使得组合在短期内不受利率风险的影响,对于单期债务的风险管理非常有效,但在多期的框架上相对复杂;现金流匹配策略更加简单易用,且适用于多期框架,但其不足之处在于对市场工具的要求较高。这两种策略都强调风险控制,对获得投资收益并不十分重视,由于这两类策略的极端保守性,也被称为"奉献型策略"。

一、免疫策略

免疫策略,顾名思义,就是使组合的价值不受利率变动的影响。我们从最简单的单期免疫入手,讨论免疫策略的基本思路。

(一)免疫策略的基本思想

由于免疫策略的目标是使组合的价值不受利率变动的影响,这就很自然地让我们想到运用久期管理来实现这一目标。在实施免疫策略时,我们只需要让组合保持久期中性,就能抵减利率期限结构的小幅平移对目标债务价值的影响。从某种意义上说,免疫策略无非就是将基于久期的风险管理技术运用到负债管理中来。

免疫策略的核心思想是:投资者所持有的资产组合与目标债务组合的美元久期一致。将美元久期的概念引入免疫策略后,我们可以使用固定收益衍生品来构造免疫组合。使用衍生品的优势在于:①衍生品的交易成本很低;②使用衍生品不需要大量占用投资者的资金,只需要满足衍生品交易的保证金要求即可;③与付息债券相比,衍生品的种类更丰富,能够提供更多的久期组合。

(二)简单免疫策略的特点

第一,免疫策略的有效性必须依赖于两个假定:其一,利率只发生微小的变动;其二,利率期限结构的变动只能是平移,不能是期限结构斜率与曲度的变化。当利率期限结构出现较大幅度的平移时,凸性将发挥作用,这时候的免疫策略需要综合考虑久期和凸性的影响,即做到目标债务与投资者所持有资产组合的美元久期与美元凸性都要匹配。如果利率期限结构发生了斜率和曲度的变化,情况将变得更复杂,传统的久期与凸性免疫有效性都将大打折扣,这时候我们需要引入关键利率久期等其他利率风险度量指标。上述分析表明:免疫策略绝不是一种完全消除风险的对冲策略,免疫组合本身的价值会受到利率风险的影响。

第二,免疫策略不是一种静态策略,而需要实时调整更新,这也是由久期本身的性质决定的。以付息债券的久期为例,久期取决于息票率、剩余期限的长短、收益率曲线等因素,因此市场利率的波动会带来久期的变化。即便利率是不变的,债券剩余期限的缩短也会影响久期。这些因素都决定了久期是一个时变的数,而绝非一个常量。因此,在实施免疫策略时,投资者需要根据目标债务组合的久期变化改变其持有的资产头寸,这一过程被称为免疫组合的动态调整。动态调整频率取决于投资者在交易成本与风险之间的权衡:调整越频繁,免疫的效果越好,但为此支付的交易成本也越高,反之亦然。事实上,在实际操作中,市场观点普遍认为对免疫组合的调整不必每日进行。因而从整体上看,久期免疫仍不失为一种低成本、操作便捷的利率风险管理方法。

第三,尽管从理论上讲,我们可以使用任何久期或美元久期满足要求的债券和衍生品构建免疫组合,但对债券与衍生品的选择必须考虑其他因素,其中最关键的因素就是债券与衍生品的流动性。流动性差的资产可能会增加免疫策略动态调整的交易成本,在某些极端情况下,甚至会破坏免疫组合的结构,增加新的风险。因此,在构建免疫组合时,入选资产除了满足久期或美元久期与目标债务匹配的要求之外,还必须是流动性较高的资产。

(三) 对简单免疫策略的扩展

在前面介绍的简单免疫策略中,目标债务是单期的确定性债务。在该债券的存续期间没有现金流支付,债务到期的时间是确定的,其价值也是确定的。但实际操作中的目标债务远比这一理想化的情况要复杂:债务在存续期内可能需要支付现金流,债务的到期时间可能是不确定的,甚至连债务的价值也是不确定的。总的来说,债务结构的复杂性使得简单的免疫策略在使用中遇到了困难。

此外,简单的免疫策略是一种极端的保守策略:通过构建免疫组合,投资者完全放弃了风险投资的收益,只要求实现组合一定程度的无风险或者低风险。但在投资实践中,大部分的投资者拥有一定的风险承受能力,并不希望使用极端保守的简单免疫策略。他们更希望在免疫策略中添加一定积极成分,考虑风险与收益的权衡。

以上两方面的要求促使研究人员提出扩展的免疫策略。这些更为灵活的策略有些能够适应复杂的债务结构要求,另外一些则能够满足投资者不同的风险收益偏好。在这一部分,我们对两种基本的扩展免疫策略做一个简单介绍。

二、多期现金流支付时的免疫策略

考虑到多期现金流时,不论利率发生怎样的小幅平移,有效的免疫组合在任一时点都能够为债务提供及时的现金流支付,这就是多期免疫,或者说针对一系列现金流的免疫策略。显然,此时单单匹配债务与投资者持有资产的久期是不够的,投资者持有的资产并不能保证债务定期支付现金流的需求。要实现有效的多期免疫,我们必须保证债务中每一笔需要支付的现金流都得到免疫,最直接的一种思路是将多期现金流的免疫拆分成若干个单期现金流的免疫问题来处理。

上述拆分在理论上是可行的,但在操作中却受制于市场工具的缺失:我们很难保证随时找到可以免疫多个不同期限债务现金流的产品。因此,我们需要对上述多期免疫的充分条件予以扩展。Fong & Vasicek(1984)给出了多期免疫的充分条件:

(1)目标债务总的美元久期与免疫组合的美元久期相等。

(2)免疫组合中单个资产的久期分布范围必须比目标债务中单个债务或现金流的久期分布范围广。

第一个条件与单期免疫策略的充分条件相似。第二个条件要求免疫组合中单个资产的久期能够涵盖目标债务中单个资产的久期,或者说,第二个条件要求构成免疫组合的资产的最小久期必须小于等于目标债务最小的久期,免疫组合资产的最大久期必须大于等于目标债务最大的久期。条件二保证了投资者可以使用免疫组合中的资产构造出目标债务中任一债务或现金流的久期。因此,Fong & Vasicek(1984)的充分条件放宽了多期现金流免疫的要求,降低了传统多期免疫充分条件对市场工具的要求。根据他们的结论,在进行多期免疫时,投资者只需:①实现免疫组合与目标债务总美元久期的匹配;②使用免疫组合中的资产对目标债务的每一期现金流进行免疫。

三、免疫策略中的风险收益权衡

前面讨论的免疫策略的目的只是管理风险,因此,这些策略又被称为风险最小化的免疫策略。那么,投资者有没有可能在风险可控的前提下,通过承担一部分风险来获得超额收益呢?

Fong等人(1983)提出了一套收益最大化的免疫框架,考虑在实施免疫策略的同时获得部分超额收益。在该框架中,免疫组合的美元久期依然要等于目标债务组合的美元久期,这就保证了利率小幅平行移动所带来的风险依然能得到有效控制。然而,与完全免疫中还关注利率非平行移动风险不同的是,他们通过适当承担利率非平行移动带来的风险来追逐超额回报。通过最大化免疫组合收益的下界,投资者可以得到一组与完全免疫策略不同的资产组合权重。当利率期限结构出现非平行移动时,根据这一权重所构建的免疫组合有可能获得一部分超额收益。

四、现金流匹配策略

现金流匹配策略是另外一种对冲型组合管理策略,从某种程度上来说,它可以看做是多期免疫策略的一种替代。与多期免疫相比,现金流匹配策略简单直观,投资者只需要合理选择证券以匹配目标债务每一期的现金流。现金流匹配策略采用的是一种倒推方法:先选定某一只债券,使其匹配目标债务的最后一期现金流,剩余的未匹配现金流在扣减掉该债券所产生的利息后继续用其他债券从后往前逐期匹配,直至目标债务各期的现金流都被匹配完成。

如果目标债务的各期现金流能够被完美匹配,那么整个资产组合将真正实现无风险,从而也就不存在免疫的必要。但一般而言,由于市场上工具有限,完美的匹配不一定能实现,这时候免疫策略与现金流匹配就各有优劣。现金流匹配策略的优势在于其结构简单,能够应对利率期限结构非平行变化的风险,而且不需要像免疫策略一样频繁调整。但与免疫策略相比,现金流匹配策略资金占用量较大,在头寸上欠灵活。此外,由于现金流匹配很难精确进行,因此在实际操作中,往往面临着剩余资金再投资问题。

为了克服现金流匹配策略头寸不灵活的缺点,在实际操作中,市场投资者往往使用一种对称性的现金流匹配策略。在对称化的现金流匹配策略中,投资者可以借入短期资金以应对目标债务现金流支付的压力。在允许借入资金的情况下,现金流匹配策略的头寸就相对灵活,允许用来完成匹配的资产到期期限略微滞后于目标债务对应的现金流支付时点。

此外,投资者还结合免疫策略的灵活性与现金流匹配策略对风险管理的有效性,构造出联合匹配策略。使用联合匹配策略时,投资者一方面按照免疫策略的原理,使得资产组合的美元久期与目标债务的美元久期相等,但另一方面对于目标债务的短期现金流支付实施现金流匹配策略。与简单的现金流匹配策略相比,联合匹配策略无疑在中长期头寸上具有更大的灵活性;与简单的免疫策略相比,联合匹配策略的风险大幅下降,这是由于利率期限结构的曲度变化主要发生在短端,通过对短期现金流的匹配,联合策略完全消除了短期利率非平行移动所带来的风险,因而从整体上降低了简单免疫策略的风险。

第四节 债券投资的基本原则和技巧

在上述的保守型投资策略和积极型投资策略中,只有少部分策略所要求的金融知识较少,一些对金融稍有了解的个人投资者就可以凭借自己的能力采取这种策略。大多数的策略无一例外都需要对金融市场有着深刻的了解,有的甚至还要求掌握一些艰深的数学知识,这些要求只有机构投资者或者专门的债券组合管理者才能够胜任。对于普通投资者而言,要想达到这种水平未免太过强求。虽然普通投资者无法对自己的债券投资进行专业性的管理,但是也存在一些基本的原则和技巧供普通投资者使用,从而达到尽量减少风险、扩大收益的目的。

一、债券投资的基本原则

(一) 选择合适的投资对象

任何个人进行投资的目的都是要使投资收益最大化,但实际上风险与收益总是同时存在的,与高收益相伴的是高风险,收益低的债券其风险相对也较低。在一个开放程度较高的市场上,可供选择的投资对象总是一定的,不同的投资者之所以会做出不同的选择,主要原因在于各个投资者自身条件的不同。某些投资者意在谋求较高的收益,他们敢于承担风险,也有能力承担风险,或者就是抱着一种赌博的心理,甘冒风险,以图厚利。对于这些投资者而言,就可以投资于一些高风险的高收益债券。也有一些投资者的财力不足以进行风险投机,或虽有财力,但资金性质不适宜冒太大的风险,或缺乏进行投机的时间、精力和技术能力,这样的一些投资者比较适合投资于国债和市政债券等品种,以保证获得稳定的收益。总之,投资者应根据自身的财力状况、操作能力以及承受风险的心理能力选择最适合自己的投资对象。

(二) 剩余资金投资原则

个人投资要有稳定的、可用的资金来保证。资金有多少,资金从何处来,这是个人投资者首先要考虑的问题。投资者不可以看轻资金的问题,以为资金有多少算多少,或者临时拼凑一些资金买进,等需要现金的时候就卖出,这些都是不正确的。个人应在合理安排消费的前提下,将剩余资金用于债券投资,不宜借钱投资。个人投资者必须在评估个人资产和风险承受能力的基础上,决定是否进行债券投资和用多少资金进行债券投资。

(三)分散投资原则

债券价格的影响因素既有系统性因素也有个别因素,虽然个人投资者不可能像专业的机构投资者那样使自己的投资充分分散化,但也应该在自己力所能及的范围内进行一些分散投资。这么做不可能完全消除个别风险,但是其效果还是要好于完全投资于某一种债券。个人投资者可以在不同类别的债券之间进行适当的分散,也可以在相同类别不同品种的债券之间进行适当的分散,甚至可以在债市和股市之间进行适当的分散。

(四)理智投资原则

个人进行投资时不应受感情左右,在对各种债券进行细心比较、分析之后,冷静而慎重地按自己的投资策略投资。在进行投资时,不要过多受各种传言的影响,因为在情绪冲动下进行投资最容易导致失败。理智投资建立在对债券的客观认识之上,投资者应熟悉一些基本的债券知识和市场操作技巧。在此基础上,通过分析比较后再采取行动。

(五)合理比较收益率

个人进行债券投资的目的是获得较大的投资收益。个人投资者往往简单地以票面利率作为衡量投资收益的标准,从而无法真正在不同债券之间进行比较。事实上,影响债券投资收益率高低的因素有三项,即债券的票面利率、债券的持有期限和债券的购买价格。三项因素中任何一项因素的变化都会对债券投资收益产生影响,所以进行债券投资时应该综合分析,从而在不同债券收益率之间做出合理的比较。

二、债券投资技巧

(一)梯子型投资

这种方法的出发点是确保一定的流动性,并使各年的收益基本稳定。其操作方法是均等地持有从长期到短期的各种债券,使债券不断保持一种梯子型的期限结构。假定有从一年期到五年期的债券五种,投资者可将资金分为均等的五份,使得每种债券均占投资总额的20%。当一年期债券到期收回本金后,再按20%的比例买进一种五年期的债券。如此反复,这个投资者每年都有20%的债券到期。无论何时的投资结构都是相同的,收益也基本相等。在实际操作中,具体的债券期限、投资时间间隔以及投资比率可以根据投资者的实际情况来确定。

（二）杠铃型投资

这种投资方法是将资金集中投资于债券的两个极端,即为了保证债券的流动性而投资于短期债券,为确保债券的收益性而持有长期债券,不买入中期债券。投资者可根据自己的流动性要求确定长期和短期债券的持有比例：对流动性的要求提高,可增加短期债券的持有比例；对流动性的要求降低,则减少短期债券的持有比例。投资者也可以根据市场利率水平的变化而改变长、短期债券的持有比例：当市场利率水平上升时,可提高长期债券的持有比例；当市场利率水平下降时,可降低长期债券的持有比例。

（三）等级投资计划法

等级投资计划法适用于债券价格不断上下波动的短期过程。当投资者选定一种债券作为投资对象时,每当债券价格下降一个幅度时就买进一定数量的债券,每当债券价格上升一个幅度时就卖出一定数量的债券,这个幅度可以是一个确定的百分比,也可以是一个确定的常数。只要债券价格处于上下不断的波动中,投资者就可以按照事先拟定好的计划进行债券投资。

例如：某投资者选择某种面值100元、到期期限3年的债券作为投资对象,同时确定每当债券价格波动2元的时候就买入或卖出,假设该债券当前的买入价格为110元,那么该投资者的投资过程如表6-3所示。

表6-3 一个假设的等级投资计划法过程

期次	价格（元）	交易量	净持有量	累计投资额（元）
1	110	买进100张	100张	11 000
2	108	买进100张	200张	21 800
3	106	买进100张	300张	32 400
4	108	卖出100张	200张	21 600
5	110	卖出100张	100张	10 600

从表6-3可以看出,该投资者在此过程中收益为400元(11 000 - 10 600)。运用该方法的关键在于对债券价格升降幅度要定得恰当。一般而言,当债券行情波动较大时,价格升降幅度可定得大些,反之可定得小些。同时,投资者还要根据自己的资金实力和对风险的承受能力,来确定买卖的批量。

等级投资计划法适用于债券价格波动较小的股票,如果债券价格呈长期上升或下跌趋势,就不能运用这一方法。因为在债券价格上涨时,投资者不断卖出债券,所以在债券价格大涨时,投资者手持债券可能已经极有限,丧失了获利机会;而在债券价格下跌过程中,投资者不断买进债券,如果债券价格下降已成定局,投资者的损失将越来越大。所以一旦该债券价格持续上升或下跌已成定局,就应该果断地停止这一计划。

(四)逐次等额买进摊平法

如果投资者选择的是某种具有长期投资价值的债券,但债券行情波动较大,并且投资者不具备进行投资的充裕时间或没有能力准确地预测价格波动的各个转折点,在这种情况下可采用逐次等额买进摊平法。当投资者确定投资于某种有长期投资价值的债券后,可以先选择一个合适的投资时机,然后按照此种方法在该段时期内定量定期购买债券而不考虑行情波动。运用这种方法,投资者每次投资都要严格控制购买的数量,保证投资计划逐次等额进行。

假设某投资者仍以上述面值100元、到期期限2年的债券为投资对象,该投资者准备共投资债券500张,在确定的投资期中分5次购买,每次购入债券100张。其投资过程如表6-4所示。

表6-4 一个假设的逐次等额买进摊平法过程

期次	价格(元)	购入量(张)	总持有量(张)	该次投资额(元)	累计投资额(元)	平均成本(元/张)
1	110	100	100	11 000	11 000	110
2	115	100	200	11 500	22 500	112.50
3	125	100	300	12 500	35 000	116.67
4	120	100	400	12 000	47 000	117.50
5	118	100	500	11 800	58 800	117.60

若此时债券价格涨至120元,该投资者售出全部债券可获得收益1 200元。采用此种方法可以使投资者稳妥地获取投资收益。

逐次等额买进摊平法适用于具有长期投资价值而且价格波动较大、盘旋上升的债券,而对于那些价格波动幅度较小、总体呈下跌趋势的债券,这种方法可能会导致亏损。因为如果价格波动幅度大,价格呈上升趋势,那么投资者就可以通过在低价时购买较多的债券,从而在价格上升中获得收益;但如果价格持续下跌,投资者的每次平均买进成本总高于最后购买时的市价,必然会发生亏损。

(五)金字塔法

与逐次等额买进摊平法不同,金字塔法实际上是一种倍数买进摊平法。当投资者第一次买进债券后,发现债券价格下跌,第二次则加倍买进该债券,以后再价格一路下跌的过程中,每一次购买数量比前一次加倍,这样就成倍地加大了低价购入的债券占购入债券总数的比重,降低了平均成本,这种买入方法呈正三角形趋势,形如金字塔形,所以称为金字塔法。

债券的卖出同样可以采用金字塔法操作。在债券价格上涨过程中,每次加倍抛出手中的债券,随着债券价格的上升卖出的数额越大,以保证高价卖出的债券在卖出债券总额中占较大比例而获取较大盈利;当价格下跌时,每次减半抛出手中的债券。

例如,某投资者最初以106元的价格购入300张面值为100元的债券,以后在债券价格上升过程中,他按金字塔法进行投资。当债券价格上升到108元时,他购入200张面值为100元的债券;当价格继续上升到110元时,他购入100张面值为100元的债券。其总投资金额为644 000元,平均成本为每张107.33元。

运用金字塔法买入债券,必须对资金预先做好安排,以免最初投入资金过多,导致无法再低价买入债券摊平成本。在卖出债券时,合理安排售出手中的债券,特别是首次抛出的债券量,以免当债券价格继续上涨时无券可卖。

(六)固定金额投资法

固定金额投资法是进行债券、股票投资搭配时的一种投资方法。其具体实施过程是:将可用于投资的资金分为两部分,分别购买股票和债券,并将投资于股票的金额按股票的市价总值确定一个固定的金额上,然后在此基础上确定一个百分比,当股价上升使购买的股票市值超过这一固定金额达到这一百分比时,就卖出股票的增值部分来购买债券;同时,在该固定金额基础上确定另外一个百分比,当股价下跌使所购买股票市值总额减少量达到固定金额的这一百分比时,就通过出售债券来购买股票。

例如,一投资者将10 000元资金分别投资于债券和股票(两者各占50%),并将股票的固定金额确定为5 000元。他决定当股票市值超过固定金额20%(6 000元)时出售股票购买债券,低于固定金额10%(4 500元)时出售债券购买股票,其具体操作如表6-5所示。

表6-5 一个假设的固定金额投资法操作过程　　　　　　单位:元

月份	每股市价	股票数量	股票市值	债券市值	证券总市值	操作调整
1	50	100	5 000	5 000	10 000	
2	60	100	6 000	5 000	11 000	卖出1 000元股票,买进债券
		83.33	5 000	6 000	11 000	
3	54	83.33	4 500	6 000	10 500	卖出500元债券,买进股票
		92.59	5 000	5 500	10 500	
4	58	92.59	5 370	5 500	10 870	不做调整

利用固定金额投资法,投资者只需根据股票市值总额的变化进行操作,不必考虑投资时间,简单易行。由于在正常情况下股价波动比债券波动大,因此在不断循环的过程中,投资者一般是可以盈利的。

但是,假如投资者购买的股票价格持续上升,一旦超过总市值的固定金额就要出售部分股票,从而失去了股价持续上升过程中这部分股票可得到的收益。反之,在股价持续下跌中,不断地出售债券来购买股票也会造成不良后果。因此,固定金额投资法不适用于股价持续上升或持续下跌时的情形。

(七)固定比例投资

固定比例投资法是由固定金额投资法演变而来的,这两种方法都是通过投资组合来减少风险,投资的一部分是防御性构成部分,主要由价格相对稳定的债券组成;另一部分是进取性部分,主要由风险较大、具有较大获利可能性的普通股构成。二者的区别仅在于一个是固定比例,一个是固定金额。具体而言,在固定金额法下股票市值被限制在一个固定金额左右波动,并以维持这一固定金额为目标进行操作调整。而在固定比例法下,股票与债券市值总是维持着一个固定比例,只要股价变动使固定比例发生变动,就应买进、卖出股票和债券,使二者市值之比还原至固定比例。

例如,某投资者将10 000元投资于股票和债券,并确定两者的市值比为1∶1,当该比例发生变动时就买卖股票或债券,使两者市值之比一直维持在1∶1,该投资者的具体操作如表6-6所示。

表6-6 一个假设的固定比例投资法操作过程　　　　　　单位:元

月份	每股市价	股票数量	股票市值	债券市值	债券总市值	操作调整
1	50	100	5 000	5 000	10 000	
2	55	100	5 500	5 000	10 500	卖出250元股票,买进债券
		95.45	5 250	5 250	10 500	
3	48	95.45	4 582	5 250	9 832	卖出334元债券,买进股票
		102.42	4 916	4 916	9 832	

固定比例投资法与固定金额投资法具有相似的优点,同样,它也不适用股价持续上涨或下跌的情况。使用固定比例投资法,最重要的是制定一个合适的比例,具体为多少,须依据投资者的风险偏好来确定。如果投资者倾向于较高的收益同时能承受较大的风险,可将债券和股票之比定得低一些;若倾向于较低的风险和收益,可将债券和股票之比定得高一些。

(八)可变比率法

可变比率法指的是投资者随着股价上升或下降,相应变动投资总额中股票和债券之间的比率,以获取最大收益的一种投资方法。

采用可变比率投资法,首先应确定以下事项:①持有股票的最大和最小比率;②调整股票和债券比率时的股价和股指水平;③调整后的股票和债券的比率。

可变比率投资法又可分为标准型计划和非标准型计划两种。非标准型计划指的是随着股价上涨或下跌,积极减少或增加股票比率。标准型计划是在股价上涨、股指达到或超过某一数值后不卖出股票;而在股价下跌时,股指跌到某一数值后不买入股票。也就是说,采用可变比率投资法,股价变动的高低及方向是决定买卖行为的重要因素,投资者不必逐次选择投资的时机,但要求对股价变动做出相对准确的估计。

三、债券投资过程

债券投资过程分为四个步骤：①设定投资目标；②实施相关策略；③监测组合表现；④调整组合结构。

（一）设定投资目标

投资目标必须是明确可以量化的，这里介绍两种机构投资者常见的债券投资目标：①将投资者的负债结构作为投资目标基准；②将某种债券市场指数作为投资目标基准。投资目标基准的选定非常重要，因为不同类型债券投资者的投资目的有明显差异，如果目标基准选择不当，则会影响债券投资的成效。设想一个企业年金如果指定债券指数作为其委托债券投资的目标基准，就可能发生这样的情况：即便组合经理的业绩"战胜"了债券指数，但企业年金委托人的投资目标却没有实现。因为企业年金的负债结构要求定期支付现金流、履行负债，所以把"负债结构"作为企业年金的债券投资目标基准似乎更合适些。总之，投资目标基准的选择应该综合考虑收益、风险以及现金流匹配等多个因素。

（二）实施相关策略

这一活动包括：制定投资政策，选择具体投资策略，确定构成组合的要素，构建投资组合。投资政策是连接投资目标与投资策略的桥梁，一旦确立了投资政策，投资的原则也就能够随之明确。投资策略的选择涉及采用"积极策略"还是"消极策略"，"积极策略"力图预测影响债券组合业绩的驱动因素，"消极策略"倾向于尽量降低组合管理成本与风险水平，以获取稳定和适中的回报水平。确定构成组合的要素就是要明确哪些因素的变动将对组合的业绩造成重大影响，在此基础上确定投入要素。最后就是具体构建一个债券组合，包括具体类别的选择以及多头、空头的选择等。

（三）监测组合表现

债券组合一旦建立，就需要在两个方面对其进行监测。首先要评估市场环境是否发生了变化，以至于原先设定的市场驱动因素无法实现。其次是监测组合的业绩表现。监测组合分为两个方面：①找到一种合理的方法计量组合在特定时期的业绩；②在前一步骤的基础上进行业绩评估（如判断组合经理是否为组合带来了超过基准的增量价值，以及他是如何实现业绩目标的）。

(四)调整组合结构

债券组合的管理是一个持续不断的过程,组合管理者随时根据当前的形势判断是否应该调整组合以便与外部的变化协调一致。比如,当判断利率即将上涨时,组合经理应该缩短组合的久期,这样就势必要调整组合中长期债券与短期债券的比例(减少前者、增加后者)。当然,组合的调整要考虑交易成本、税收影响以及政策法规的限制。

关键词

利率消毒策略　　债券指数化　　择时策略　　择券策略　　免疫策略

扩展阅读

浅析 FoHF

对冲基金的基金,就是专门投资于对冲基金的母基金,英文叫做 Fund of Hedge Fund(以下简称 FoHF)。区别于投资股票、债券、商品、另类投资等所有大类资产的母基金,对冲基金母基金的投资标的是所有的对冲基金。这些子基金本身策略是非常灵活多样的,股票、债券、商品、衍生品都会涉及,因此管理一系列对冲基金投资组合,同样也可以达到全球资产配置的目的。当然,这种配置的过程绝不仅仅是把不同基金叠加在一起进行投资那么简单,管理者需要深入了解每种策略的实现机制、在不同市场环境下的表现,以及策略之间的相关关系。

相比于单策略的对冲基金或者股票多头基金,FoHF 的主要目的不是为了获得高收益,而是通过投资组合经理的专业化管理来控制风险,从而达到资产配置和财富增值的目的。研究表明,FoHF 的平均收益接近单策略的对冲基金,但是波动率和最大回撤却小得多。对于银行、保险、养老金等大型机构投资者而言,FoHF 是非常理想的资产选择。

FoHF 不直接在市场上挑选股票、债券等,而是通过投资于不同的子基金,从而间接地投资于各类基础资产。这里通常有个比喻,母基金的管理人是在餐厅配置酒席的,而子基金经理是各道菜的厨师,二者分工明确,各司其职。

相比于单一策略的对冲基金,FoHF 由于配置低相关性的不同资产,进一步分散了风险。有学术论文指出,虽然 FoHF 投资于不同的策略,但是每个子基金的基础资产(如股票、债券、商品等)都是一样的,二次分散或许并不会起到很大的作用,反而增加了费用成本。对此,笔者的理解是,二次分散的不仅仅是资产的风险,更重要的是挑选的不同管理团队都有自己的风格和投资理念,这种风险是独一无二的,是可以被分散的。

　　FoHF投资绝不是简单的买入持有(Buy and Hold)的过程,而是一种动态调整、主动管理的过程。市场环境是瞬息万变的,资产组合的风险水平、资金仓位、杠杆率等核心指标也在不断变化,管理团队的组成、投资策略也在持续调整,这就要求FoHF管理者审时度势,整体上把握风险系数,动态调整投资组合。以A股市场举个简单的例子,2015年9月股指期货限仓之后,贴水逐渐增大,这对于Alpha策略来说是一个巨大的打击,因此FoHF的组合里会适当地降低这种策略的仓位,并且选择择时对冲、增加一定风险敞口的方式来适应市场的变化。

本章测试

单项选择题

1. 下列属于保守型投资策略的是(　　)。

A. 投资者请代理机构进行操作,自己不进行操作的策略

B. 投资者只持有国债等无风险债券的投资策略

C. 投资者购买债券后持有到期实现收益的策略

D. 投资者使自己的投资组合的久期小于麦考利久期的投资策略

2. 下列对于积极型投资策略的描述不正确的是(　　)。

A. 使用收益率曲线法,买入长期债券后持有一段时间,当市场价格高于买入价格时,将其卖出实现盈利

B. 使用久期分析法和利率预测法,在预期未来市场利率很可能提高的情况下,使自己的投资期小于债券组合的麦考利久期以减少市场风险。

C. 运用择券策略,通过计算债券的真实价值选择价格被低估的债券,买入以获得投资收益

D. 择时策略中包括子弹策略、杠铃策略、梯式策略、蝶式策略等。其中,杠铃策略要求投资者不要集中资金投入中期债券,而子弹策略表明投资者可以集中投资于中期债券

3. 下列关于债券指数化策略正确的是(　　)。

A. 债券指数化属于积极型投资组合策略,通过设计一种债券组合使其业绩与某种债券指数业绩保持一致

B. 采取债券指数化策略的主要目的是消除市场风险,并以此获得市场的平均收益,因此是保守型投资组合策略

C. 在复制指数时,市场上主要有四种复制技术。其中:直接复制法主要用于复制债券组合投资;单元复制法的基本思路最直观;基于指数收益的复制法需要分析历史数据;基于因子的复制策略常使用 CAPM 模型

4. 债券指数化方法的弊端是(　　)。

A. 积极的债券管理业绩不稳定,债券指数化方法的收益有很大的不确定性

B. 实行债券指数化策略的管理费用要显著高于积极型投资策略的管理费用

C. 如果指数化策略将债券组合的业绩与美国道琼斯指数联系在一起,那么当美国经济状况萧条时,该投资组合的收益必然是悲观的

D. 债券指数化策略意味着债券组合的投资者受到了很多限制。因此,即使被限制的板块中有明显的投资机遇时,投资人也无法进行操作带来收益

5. 以下属于债券互换策略的是(　　)。

A. 替代互换、税收互换、现金流互换

B. 净收益增长互换、营业额增长互换、市场间价差互换

C. 利率预测互换、税收互换、现金流互换

D. 替代互换、利率预测互换、净收益增长互换

6. 下列关于免疫策略和现金流匹配策略的描述正确的是(　　)。

A. 免疫策略的有效性依赖利率期限结构只能平移且只能发生微小变动这两个假设

B. 免疫策略是一种静态策略,由于不存在凸度的影响,市场利率的波动不会带来凸度的变化,因此免疫策略不需要实时进行调整更新

C. 相比多期免疫,现金流匹配策略更加复杂,因为投资者需要先选定一只股票,先匹配目标债务的最后一期现金流,然后从后往前逐期匹配

D. 与简单的现金流匹配策略相比,联合匹配策略在中长期头寸上不具有灵活性,但是联合匹配策略的风险却大幅下降

参考答案

单项选择题

1. C　　2. B　　3. C　　4. D　　5. D　　6. A

第七章

固定收益证券市场

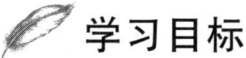 学习目标

1. 理解固定收益证券市场的运作机制。
2. 掌握固定收益证券市场的分类。
3. 理解信用风险及信用评级方法。

引导案例

　　1997~2004年,我国债券市场的债券品种较为单一,1997年仅有国债和企业债,1998年出现政策性金融债,2003年开始发行央行票据,尽管种类上不断增加,但无论从规模还是数量上都显得较为落后、单一。从2004年开始,我国债券市场驶入快车道,产品创新增速、产品种类增多、规模也急速扩张:一是面向金融机构推出了次级债券、混合资本债券和一般性金融债券,还进行了资产证券化试点。二是为改善社会融资偏重于间接融资的状况,增加企业直接融资手段,鼓励有竞争力的企业直接进入资本市场融资,降低融资成本,先后推出了企业短期融资券、公司债券和中期票据,这些企业融资工具的发展,拓宽了直接融资渠道,改善了我国融资结构,推动了公司信用债券市场的发展。三是为推动债券市场改革开放步伐,又推出了国际开发机构人民币债券,截至目前,国际金融公司和亚洲开发银行已经在银行间债券市场发行人民币债券。四是为发挥中央汇金有限责任公司作为国家对重要金融机构注资平台的作用,在2010年下半年发行了国家支持机构债券——汇金债券。[①]

[①] 资料来源:武鹏. 新常态下中国债券市场的演变、发展与改革(有删改). 广义虚拟经济研究,2016,7(1):66-76.

第一节　固定收益证券市场的运作机制

狭义地看,固定收益证券市场的运作机制包括了固定收益证券从出现到消失所经历的阶段;广义地看,固定收益证券市场的运作机制除了包含狭义所指的阶段外,还应包括固定收益证券发行前的准备及固定收益证券发行后的资金使用。

图7-1显示了固定收益证券市场运作的完整过程。从图中可以看到,这个过程分为两个阶段:一是决策阶段,二是运行阶段。决策阶段有一个决策过程,运行阶段分两个流程,上面的流程包括发行过程、流通过程和偿还过程,下面的流程是资金使用过程。

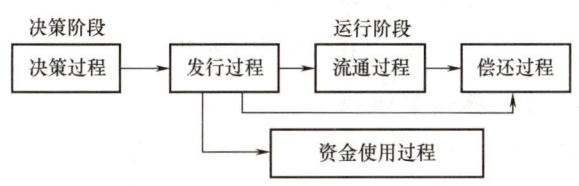

图7-1　固定收益证券市场运作机制

一、固定收益证券决策阶段

决策是固定收益证券经济活动的第一阶段,这一阶段只包含一个过程。在决策过程中,固定收益证券发行人要对固定收益证券的形式、数量、期限、流通条件以及偿债办法等方面进行选择,对固定收益证券所取得资金的使用一般也要做出相应的安排。在证券领域,对固定收益证券运行机制的讨论,较多地重视运行阶段,尤其重视其中的发行、流通和偿还过程。实际上,这属于狭义地讨论固定收益证券运作机制,而要分析固定收益证券经济活动的全部内容,需要涉及固定收益证券发行前的决策和所取得资金的使用,也就是前面所讲的广义的固定收益证券运作机制。

固定收益证券发行前的决策在整个固定收益证券经济活动中占有重要的地

位。这是因为：

第一，决策规定了以后几个过程的运行规则。比如，通过何种方式发行固定收益证券、发行条件如何决定、固定收益证券是否需要流通、通过什么途径进行偿还、所取得资金投向什么项目等，都需要在决策阶段制定。这些规则一旦确定，就是日后执行的依据，就要指导运行阶段的操作。当然，在运行的过程中，有时可能要对原来的方案进行修改，但决策指导运行的关系是不会改变的。

第二，决策的正确性影响债券经济活动的结果。在错误固定收益证券发行前决策的指导下，固定收益证券经济活动会对固定收益证券发行人事业带来损害；在正确固定收益证券发行前决策的指导下，固定收益证券经济活动可以促进固定收益证券发行人事业的顺利发展。

二、固定收益证券运行阶段

在决策阶段之后，固定收益证券经济活动进入运行阶段。运行阶段有两个流程，一是固定收益证券运动过程，二是资金使用过程。

(一) 固定收益证券运动过程

固定收益证券运动的开始是发行过程，即固定收益证券发行人发行固定收益证券。发行的具体方式是多种多样的，比如政府债券可以招标发行，也可以向特定的银团直接发行；公司债券可以由承销商来协助发行等。通过发行固定收益证券，一方面固定收益证券发行人得到一笔债务资金，这笔债务资金将进入使用过程；另一方面固定收益证券承购人则拥有对这笔债务的债权，并通过持有固定收益证券的形式来表现。如果固定收益证券是允许流通的，那么该固定收益证券还将进入流通过程，流通方式包括证券交易所的固定收益证券上市交易和证券交易所以外市场的固定收益证券买卖。如果固定收益证券是不允许流通的，那么该固定收益证券就将从发行过程直接进入偿还过程，中间没有流通过程。固定收益证券运动过程的终点是偿还过程，即固定收益证券发行人对到期的固定收益证券进行偿还。偿还的具体方式也是多种多样的，如直接偿还、以旧换新或市场购销等。

(二) 固定收益证券资金使用过程

资金使用过程是固定收益证券发行人对通过固定收益证券发行所募集资金的利用，使用效果好坏将直接关系到固定收益证券经济活动最终目标的实现。固定收益证券发行人偿还固定收益证券的资金来源,可以是该固定收益证券所募集资金使用后的收益,可以是债券发行人从其他途径取得的资金,所以没有必要要求固定收益证券所募集资金的使用过程与发行固定收益证券至偿还固定收益证券的期限完全一致。

固定收益证券发行决策与固定收益证券运行的关系如下:固定收益证券发行决策是固定收益证券运行的指导,没有固定收益证券发行决策,固定收益证券运行就无法操作;固定收益证券运行是固定收益证券发行决策的实践,没有固定收益证券的运行,其决策就无法实现。固定收益证券的发行决策和固定收益证券运行相辅相成,共同构成了固定收益证券经济活动的整体。

第二节　固定收益证券市场的分类

根据不同的分类标准,固定收益证券市场可以分为不同的类别,下面就分别简单论述不同的类别。

一、货币市场和资本市场

根据固定收益证券的期限可将其划分为货币市场和资本市场。

（一）货币市场

货币市场是短期债务工具交易的金融市场,这种短期债务工具的期限一般在1年以下。银行间同业拆借市场、银行间债券市场和票据市场构成了我国货币市场的主体。我国其他的货币市场还包括:债券回购市场、大额可转让存单市场以及期限在1年以下的债券市场。

其中,银行间同业拆借市场是商业银行进行流动性管理、调剂短期资金余缺的金融市场。全国银行间拆借市场于1996年1月3日开始运行,商业银行拆借最长不超过4个月,这个市场实行自主报价、格式化询价、确认成交的交易方式。

（二）资本市场

资本市场是指1年和1年以上的长期债务工具以及优先股票交易的市场。

在理论研究和金融市场实践中,以 1 年为分界线将固定收益证券市场划分为货币市场和资本市场是一种习惯做法,这种划分方法多少有一些武断。一般而言,使用期限在 1 年以下的资金被认为是短期资金,用做流动性资金;期限在 1 年以上的资金则用做资本性支出,是长期资金。

二、一级市场和二级市场

根据固定收益证券市场上交易的对象是新发行的证券还是已经发行过的证券,固定收益证券市场可以分为一级市场和二级市场。

(一)一级市场

一级市场也称发行市场,是组织新证券发行的市场。政府和企业在该市场中发行固定收益证券以筹集资金。

债券发行市场主要由发行人、认购者和委托承销机构组成。债券的发行人包括:国家、政府机构、金融机构、公司、企业和其他法人。债券认购者指在发行市场上购买债券的投资者,主要由社会公众团体、企事业法人、证券经营机构、非营利性机构、外国企事业机构和个人投资者构成。委托承销机构是代发行人办理债券发行和销售业务的中介人,主要由投资银行(证券公司)、商业银行和信托投资公司等构成。

1. 债券的发行方式

政府、金融机构和工商企业在发行市场上发行债券时,可以选择不同的投资者作为发行对象,因此可以将债券发行分为公募和私募两种形式。

公募又称为公开发行,是指发行人通过金融机构向不特定的社会公众广泛地发售债券。在公募发行的形式下,所有合法的投资者都可以参加认购。为了保障广大投资者的利益,各国对公募发行都有严格的要求,如要求发行人有较高的信用、符合证券主管部门规定的各项发行条件、要求发行人详细地披露信息、经主管机关批准后方可发行。公募发行面对公众投资者,发行面广、投资者众多、可以筹集大量资金,且债权分散,不易被少数大债权人控制。只有公开发行的债券才能申请在交易所上市,因此公募发行可以增强债券的流动性。但是,公募方式的缺点也很明显,登记核准所需时间长,发行成本也相对较高。

私募又称不公开发行或内部发行,是指面向少数特定投资者发行证券的方式。

私募发行的对象大概分为两类：一类是个人投资者，例如公司原有股东或发行机构自己的员工；另一类是机构投资者，例如大的金融机构——保险公司、养老基金等，或与发行人有密切往来关系的企业等。私募的发行有确定的投资者，发行手续简单、信息披露要求不高、发行时间短、成本低。由于私募发行方式牵涉的债权人数量少，因此一旦发生违约，双方更容易协商解决。但私募发行的不足之处是投资者数量有限、流动性差。私募债券的利率通常高于同类公募发行的债券。

公募发行和私募发行各有优劣。公募发行由于公开性受到了投资者和媒体更多的关注。但是，在西方成熟证券市场中，随着养老基金、投资基金和保险公司等机构投资者的迅猛发展，私募发行近年来呈现迅速发展的趋势。

2. 金融机构在债券发行市场中的作用

在债券发行过程中，一些金融机构（例如投资银行和商业银行）发挥着重要的作用。采用私募方式发行方式时，投资银行可以帮助发行人设计债券、确定债券价格以及联系潜在的投资者，或者向投资者提供建议；采用公募发行方式时，投资银行和商业银行等金融机构作为承销商在一级市场上协助发行债券。承销是指金融机构借助自己在证券市场上的信誉和营业网点在规定的发行有效期限内将债券销售出去。根据金融机构在承销过程中承担的风险和责任的不同，承销又可分为代销和包销两种方式。

代销是指债券发行人委托承销业务的金融机构（又称承销机构或承销商）代为向投资者销售债券。承销商按照规定的发行条件，在约定的期限内尽力推销，到销售截止日，如果债券没有全部销售出去，未销售出去的债券将退还给发行人，承销商不承担任何发行风险。在代销协议中，承销商和发行人之间是委托—代理关系，承销商的收入为佣金收入。代销发行比较适合信誉好、知名度高的大型企业，由于信息不对称问题不严重，这些企业的债券容易被广大投资者接受，代销方式能有效地降低发行成本。

包销是指发行人与承销商签订合同，由承销商按一定价格买下全部证券，并按合同规定的时间将价款一次性付给发行人，然后承销机构按照略高的价格向公众投资者销售。在包销过程中，承销商与发行人之间是买卖关系，即承销商将债券低价买进然后高价卖出，承销商的收入为买卖差价，承销商将承担全部销售风险。对发行人而言，包销方式既能保证如期及时地收到全部所需资金，又无需承担发行过程中的价格变动风险,但其发行成本比采用代销方式高很多。

(二)二级市场

二级市场也称流通市场,是买卖已发行证券的市场。二级市场为债券提供了流动性,使持有者随时可以卖掉手中持有的债券提前变现。正是因为该市场为债券的变现提供了有效的途径,所以二级市场同时具备了价格发现的功能。除此以外,二级市场还有以下这些功能:①促进短期闲散资金转化为长期建设资金;②调节资金供求,引导资金流向,为商业的直接融资提供渠道;③二级市场的价格变动能够反映出整个社会的经济状况;④维持债券的合理价格、交易自由、信息灵通、管理缜密,使得买卖双方利益都受到保护。

流通市场和发行市场的本质区别就是流通市场中债券购买者支付的资金不会流向债券的发行人,而会流向债券的销售者。债券经纪人对于运行良好的二级市场来说至关重要。交易商和经纪人可以有效地降低债券市场交易成本,提高债券流动性。交易商可以运用自己的账户和资金直接进行债券买卖,收入来自买卖差价。经纪人则只充当债券买卖方的中间人,从事代客买卖业务,收入来自于佣金。在债券流通市场上,投资银行、商业银行等金融机构作为交易商和经纪人发挥了重要作用。

投资者在债券流通市场上买卖债券会形成债券价格,这个价格即为债券成交价格。债券成交价格是由买卖双方在一定的撮合原则下,由市场供求条件决定的。在不同的市场结构下,债券价格形成方式不同,理解市场结构和价格形成方式非常重要。

1. 连续市场和集合市场

根据价格形成是否连续,可将债券市场分为连续市场和集合市场。在连续市场中,当买卖双方连续委托买进或卖出上市债券时,只要彼此符合成交条件,交易就可以在交易时段中任何时点发生,一般按照"价格优先、同等价格下时间优先"的原则成交,成交价根据供求条件的变化而不断变化。集合市场是对接收的全部有效委托采取一次集中撮合处理的价格形成方式,买卖双方隔一段较长时间、市场积累一定量的买卖申报后才做一次集中成交。集合市场确定成交价的原则是:在有效价格范围内选取使所有有效委托产生最大成交量的价位。所有成交都按照同一成交价成交。

2. 客户委托单驱动和交易商报价驱动

按照形成价格的直接主导力量,债券市场可以分为客户委托单驱动市场和交易商报价驱动市场。前者是指成交价由买卖双方直接决定,投资银行等金融机构在成交价形成过程中只是作为经纪人发挥作用,使得市场整体交易更平稳顺畅,我国上海、深圳证券交易所属于客户委托单驱动市场。后者是指交易商提出买卖报价,其他投资者根据交易商提出的价格与该交易商进行交易。目前,我国债券的场外交易市场(如银行间债券市场和记账式国债银行柜台交易市场)也采用交易商报价驱动的方式进行交易。

3. 做市商制度

最典型、最完善的交易商报价驱动制度就是做市商制度。从发达国家债券市场运行实践来看,债券场外交易市场通常采用做市商制度。做市商是指在债券市场上,由具备一定实力和信誉的债券经营机构作为特许交易商,不断地向公众投资者报出某些特定证券的买卖价格(即双边报价),并在该价位上接受公众投资者的买卖要求,以其自有资金和债券与投资者进行债券交易。做市商的这种连续不断的买卖,可以达到增强市场流动性和满足公众投资者买卖需求的目的。

在债券市场交易中,在任何时间投资者下达的买入和卖出证券的委托单数量都可能出现暂时性的不平衡,这可能导致两个问题:①在债券供需条件不变的情况下造成债券价格的剧烈波动;②投资者如果想立刻成交就必须支付偏离清算价的价格。例如,A债券的价格始终保持在98元的合理价位,假设大量的买单涌入市场而又没有相应数量卖单与之对应,这种供求暂时性的不平衡就很有可能将A债券的价格推高至102元甚至更高。尽管A债券发行人的基本面没有发生任何显著变化,但是债券的价格还是发生了剧烈的波动。如果A债券的购买者想立刻成交,就必须支付102元而不是98元,其差额被看做交易"即时性"的价格。"即时性"是指立刻成交的能力,即投资者不愿意等待直到等额的、方向相反的委托单出现。这种债券供需暂时性不平衡的存在是建立做市商制度最根本的原因。做市商向债券市场提供了即时性并保持了价格的稳定,为市场参与者提供了更好的价格信息,在某些证券市场中做市商还提供类似拍卖师的服务,维护市场秩序和公正。

做市商买卖价格的差额可以被看做是做市商提供上述服务的价格。以下几点因素决定了这个价格差额的大小:①做市商的经营成本,如为完成交易而需要购置的设备以及员工的工资等。②做市商也承担了风险,这既包括所买卖债券的价格风险,也包括债券的流动性风险。流动性风险又包括两方面:一是市场厚度,市场厚度可以由交易频率来表示,交易越频繁,市场就越厚;市场越厚,做市商持有债券的时间就可能越短,债券价格发生不利变化给做市商造成损失的可能性就越小,做市商的买卖价格差额也就越小。二是信息不对称,有些市场参与者(如发行人或某些机构投资者)可能拥有更多的与债券有关的信息,做市商与这些市场参与者交易就可能遭受损失。做市商必须通过提高买卖价格差额的方式保护自己免受这种信息不对称所造成的损失。因此,与债券有关的信息越不透明,买卖价差就越大。

三、交易所市场和场外交易市场

根据市场组织形态的不同,固定收益证券的二级流通市场又可以进一步划分为交易所市场(场内交易市场)和场外交易市场(Over-The-Counter,OTC)。

(一)交易所市场

证券交易所是依据国家有关法律,经政府证券主管机关批准设立的集中进行证券交易的有形固定场所。

证券交易所是专门进行证券交易的场所,其组织形式有公司制和会员制两类。会员制交易所是不以盈利为目的的组织,实行自制自律和自我管理,会员大会为最高权力机构。交易所作为证券交易的组织者,本身不参加债券的买卖和价格的确定,只是为证券买卖双方创造条件,提供服务并进行监管。我国证券交易所目前实行的是会员制(如上海证券交易所和深圳证券交易所)。

虽然个人一直是我国债券交易所市场的参与主体,但主要的市场份额还是集中在机构手中。证券公司、保险公司、基金管理公司以及一大批国有企事业单位,它们组成交易所市场的机构投资者群体,控制了80%的国债托管量和98%的国债交易量。

(二)场外交易市场

场外交易市场是在证券交易所以外进行证券交易的市场,又称柜台交易市场或店头市场。我国债券场外交易市场主要包括金融机构柜台市场和银行间债券市场。许多证券经营机构都设有专门的证券柜台,通过柜台进行债券买卖。在柜台市场中,证券经营机构既可以作为自营商(Dealer,也称交易商)用自有资金作为客户对价买卖债券,也可以作为经纪人(Broker)代理客户买卖债券。2002年4月3日,中国人民银行颁布《商业银行柜台记账式国债交易管理办法》,2002年6月开始,工、农、中、建四家商业银行的部分营业网点开办了记账式国债柜台交易业务,承办银行应按照报价以自营方式与投资人进行债券买卖。除金融机构外,凡持有有效身份证件的个人以及企业或事业社团法人,均可在商业银行柜台开立国债托管账户并进行国债交易。这标志着商业银行柜台记账式国债交易的开始,这个债券场外交易市场具有极大的发展潜力。此外,我国还有一个非常重要的债券场外交易市场——银行间债券市场,这个由中国人民银行建立的场外债券市场,建立初期成员为商业银行,目前成员包括各类金融机构,交易品种为国债和政策性银行金融债券。银行间债券市场是中国债券市场交易的主体场所,在中国债券市场发挥着主导作用。

四、国内债券市场和国际债券市场

根据债券发行地点的不同,债券市场可以划分为国内债券市场和国际债券市场。国内债券市场的发行者和发行地点同属一个国家,而国际债券市场的发行者和发行地点不属于同一个国家。依发行债券所用货币与发行地点的不同,国际债券又可分为外国债券和欧洲债券。外国债券是指甲国发行人或国际机构在乙国债券市场上以乙国货币面值发行的债券。外国债券是传统的国际金融市场的业务,已存在几个世纪,它的发行必须经发行地所在国政府的批准,并受该国金融法令的管辖。在美国发行的外国债券(美元)称为扬基债券;在日本发行的外国债券(日元)称为武士债券;在中国发行的外国债券(人民币)称为熊猫债券。欧洲债券是指一国发行人或国际机构,同时在两个或两个以上的外国债券市场上,以发行国货币以外的一种可自由兑换的货币、特别提款权或欧洲货币单位发行的债券。欧洲债券是欧洲货币市场三种主要业务之一,它的发行不受任何国家金融法令的管辖。

国际债券市场具有以下几个特点:①融资者的主体始终是发达国家,发展中国家所占比重较小;②币种结构发生变化;③欧洲债券的发行规模远大于外国债券;④国际债券类别结构发生变化;⑤新兴市场国家表现活跃,政府为主要发行主体。

第三节　信用风险及信用评级

一、信用风险

信用风险(Credit Risk)又称违约风险,是指债务人(债券发行人)不能按时足额偿还债券利息和本金的风险。不同债券的违约风险不同:政府债券是政府作为债务人发行的债券,以政府信誉作为担保;金融债券是银行等金融机构作为债务人发行的借款凭证,金融机构相对而言实力较强;公司债券是公司为了融资而作为债务人发行的借款凭证,不同的公司实力差距很大。所以一般来说,政府债券的信用级别最高,发生违约的概率最低;金融债券与公司债券相比,总体上的信用情况要好一些;公司债券则依发行人信用状况而定,有些公司债券的信用级别很低,违约风险很高。在债券市场上,当其他条件一样时,债券的违约风险越高,其价格就越低,因为只有在获得高收益补偿时,投资者才会愿意投资违约风险高的债券。

影响债券信用风险的因素大致可以分为两类:一类是债券发行人的基本面因素,另一类是债券的保护性条款。

(一)债券发行人的基本面因素

债券信用风险的大小从根本上讲取决于债券发行人的基本面因素,包括发行人所处的宏观经济环境和行业背景、发行人在行业中的竞争地位、发行人的财务状况以及管理者素质等。

1. 宏观经济环境

宏观经济环境是指一个国家或地区的整体经济发展水平和发展阶段,以及经济增长速度和运行周期。经济增长率、收益率、通货膨胀率、利率、汇率、财政收支、国际收支、固定资产投资规模等都是分析和判断宏观经济环境的重要指标。如果经济发展处于较高的水平和阶段,或者经济运行呈现较高增长率和较低通胀率的良好态势,大多数的债券发行人都会受益于市场需求旺盛和销售增长而呈现出良好的经营状况,信用状况也会因此而得到改善和提升,信用风险降低;反之,如果经济发展水平低、经济运行不景气,债券发行人可能由于销售下降、产品积压而陷入困境,信用状况也随之恶化,信用风险大幅提高。

2. 行业背景

行业因素对债券发行人的信用状况具有重大影响。行业背景是指债券发行人所属行业的基本特征和发展趋势,包括行业与经济周期的关系、行业的市场类型和行业的生命周期特征等。

行业的景气状况与宏观经济运行周期有着密切关系,但这种关系因不同的行业而存在着较大的差异。例如,地产、建材、煤炭、化工等行业通常对经济周期的敏感性很强,被称为周期性行业;公用事业、食品、医药等行业受经济周期波动的影响较小,被称为防御性行业。在经济周期的复苏和繁荣阶段,周期性行业债券发行人的信用状况很可能比防御性行业的债券发行人有更大的提升,但在经济周期的萧条和衰退阶段,防御性行业债券发行人的信用状况很可能比周期性行业债券发行人更为稳健。

行业按照市场竞争性不同可以划分为完全竞争型行业、垄断竞争型行业、寡头型行业和完全垄断型行业。完全竞争型行业的企业数量众多,任何一家企业都不可能影响产品的市场价格,加之产品的同质性较强,因而企业之间只能以价格竞争作为唯一的竞争手段,能否提高经营效率从而在价格上取得优势成为企业生存与发展的决定性因素。完全垄断型行业则恰恰相反,由于独家企业垄断了全部产品供给,能够决定和控制价格,因此其经营状况几乎完全取决于行业发展状况。完全竞争型行业和完全垄断型行业在现实当中极为少见,最为常见的是垄断竞争型行业和寡头型行业。垄断竞争型行业由于产品的差异性而使得垄断与竞争并存,企业对自身产品的价格有一定的控制能力,企业之间的竞争除了采取价格竞争手段,还可以采取质量、品牌、售后服务等非价格竞争手段,因此,企业的经营状况和信用状况在很大程度上取决于它的综合竞争力。寡头型行业由为数不多的几家大企业垄断产品供给,它们各自拥有较大和较为稳定的市场份额,对价格的影响力和控制力更强,因此其经营状况和信用状况主要取决于相互之间的博弈和行业的整体发展状况。

行业的生命周期通常包括初创、成长、成熟和衰退四个阶段。处于初创阶段的行业虽然蕴含着巨大的增长潜力,但由于产品的研发费用高、市场需求狭小(公众对该行业的产品尚缺乏了解),因而企业普遍处于亏损状态,信用状况不佳,所以通常很难通过发行债券融资。进入成长阶段的行业具有良好且稳定的增长前景,债券发行人有望通过经营业绩的持续增长使其信用状况不断得到改善。处于成熟阶段的行业通常存在较高程度的垄断,这使得整个行业因竞争动力不足而缺乏增长性,但同时也使企业可以获得稳定的经营收入和利润,因而债券发行人的信用状况大多保持比较稳定的状态。进入衰退阶段的行业的市场需求因新产品和大量替代品的出现而持续下降,企业经营困难,许多债券发行人可能因此而陷入财务困境,导致信用状况恶化。

3. 竞争地位

如前所述,当所属行业处于生命周期的成长阶段,或者按市场类型划分属于垄断竞争型行业时,企业面临着激烈的竞争。寡头型行业中的中小企业也同样面临巨大的竞争压力,寡头们尽管能够在很大程度上享受垄断带来的好处,但相互之间的竞争仍然不可避免。在行业中的竞争地位实际上决定了企业在外部经营环境出现不利变化时获取现金的能力,因此对债券发行人的经营状况从而对信用状况具有重大影响。企业之间竞争的方面很多,并且随行业的不同而有所不同,但绝大部分都是基于质量和价格的竞争。企业在行业中的竞争地位可以通过市场占有率、成本结构、增收节支潜力、设备和技术水平等指标来衡量。

4. 管理水平

管理水平很大程度上决定了企业的竞争地位和可持续发展能力。企业管理水平的高低可以从企业发展战略、经营策略、组织结构及相关管理制度等方面体现出来,但要从质量和深度上准确评估企业的管理水平是比较困难的。对企业管理水平有负面影响的因素包括企业由某个人创建和领导、此人即将退休却还没有明确的继承人选,管理团队年龄分布较为集中且偏大,以及企业频繁地更换管理层和经营理念等。

5. 财务状况

债券发行人财务状况的变动趋势与水平可以通过以下指标衡量:

(1)偿债能力比率。偿债能力比率反映了发行人用收入支付各种费用的能力。常用的偿债能力比率有利息保障倍数和固定费用保障倍数。

$$利息保障倍数 = \frac{税息前利润}{应付利息}$$

$$\text{固定费用保障倍数} = \frac{\text{扣除税金、利息和租金前的利润}}{\text{利息} + \text{租金} + \text{调整税项后的偿债基金支付款项}}$$

如果上述比率水平过低或出现下降趋势,意味着债券发行人可能会发生现金流动困难。

(2)流动性比率。流动性比率反映了债券发行人对短期内即将到期的债务进行偿还的能力。最常用的流动性比率是流动比率和速动比率。

$$\text{流动比率} = \frac{\text{流动资产}}{\text{流动负债}}$$

$$\text{速动比率} = \frac{\text{流动资产} - \text{存货}}{\text{流动负债}}$$

(3)资本结构比率。资本结构是企业各种资金来源的构成比例,资本结构比率反映了债券发行人的总体偿债能力。主要的资本结构比率有资产负债率、负债对股东权益比率(又称为杠杆比率)等。

$$\text{资产负债率} = \frac{\text{负债总额}}{\text{资产总额}}$$

$$\text{负债对股东权益比率} = \frac{\text{负债总额}}{\text{股东权益总额}}$$

过高的资产负债率或负债对股东权益比率表明债券发行人债务负担较重,因而可能无法保障有足够的偿债能力。

(4)盈利能力比率。盈利能力比率是债券发行人财务状况的综合反映。常用的盈利能力比率有资产收益率、股东权益收益率、销售利润率等。

$$\text{资产收益率} = \frac{\text{净利润}}{\text{资产总额}}$$

$$\text{股东权益收益率} = \frac{\text{净利润}}{\text{股东权益总额}}$$

$$\text{销售利润率} = \frac{\text{利润总额}}{\text{销售收入}}$$

这些比率过低或出现下降趋势,将会削弱债券发行人在资本市场上的筹资能力,从而降低其偿债能力。

(二)债券的保护性条款

债券契约中关于保护持有人利益的条款也是影响债券信用风险的重要方面,债券投资者应当对这些条款加以分析。这些保护性条款包括与担保、次级债务和偿债基金等有关的内容。

1. 担保

按照有无担保,债券可划分为担保债券和信用债券。

担保债券是以债券发行人的特定资产作为抵押,或者由第三方提供保证而发行的债券。如果以特定资产作为抵押,则意味着当发行人违约时,债券持有人将得到抵押品价值的部分或全部。充当抵押品的资产通常是发行人拥有的不动产、有价证券或机器设备等,以不动产为抵押品发行的债券称为抵押债券,以有价证券为抵押品发行的债券称为质押信托债券。如果由第三方为发行人提供保证,当发行人违约时,保证人将承担还本付息的义务,这种债券也称为保证债券。

信用债券是没有抵押品和第三方保证、仅以发行人的信用为基础而发行的债券。在其他条件相同的情况下,担保债券的风险小于信用债券,但也正因如此,担保债券提供的收益率低于信用债券。

2. 次级条款

债券发行人未偿还债务总额是影响债券信用风险的一个重要因素。如果投资者在购买了某种债券后不久发现发行人未偿还的债务成倍扩大,他会觉得自己购买的债券信用风险增加了。债券的次级条款能够保护投资者这方面的利益。该条款规定了债券在发行人债务中的优先级别,普通债券优先于次级债券(次级债券是偿还顺序列于发行人的其他负债之后、股权资本之前的债券),先发行的债券优先于后发行的债券。这样,对于投资者购买的某种普通债券,如遇发行人破产或清算,则直到该债券被清偿,其后发行的债券才可能得到偿付;直到所有的普通债券被清偿,次级债券才可能得到偿付。

3. 偿债基金

偿债基金条款要求债券发行人设立偿债基金以将债务偿还分散至若干年内,而不至于因债务到期时的庞大现金支付造成流动性短缺。偿债基金可以按固定金额或已发行债券金额的一定比例提取,也可以按利润或销售收入的一定比例提取。该基金运作的典型方式是,由受托人(如商业银行)持有发行人的偿债基金存款,用于每年在流通市场上回购一小部分发行在外的债券,或者以在偿债基金条款中规定的价格购回部分债券。债券发行人拥有的是以市场价格还是以偿债基金价格进行回购的选择权。为了在债券持有人之间公平地分配偿债基金,被回购债券是通过数字序列的方式随机选择的。

尽管偿债基金被认为以分期回购的方式保护了债券持有人的利益,但实际上它也可能对债券持有人的利益造成损害。当债券价格由于市场利率下降而上涨时,发行人按偿债基金价格回购部分债券(此时债券持有人是不能拒绝的)实际上是从中获益了,与这种收益相对应的就是债券持有人的损失。

二、信用评级

信用评级(Credit Rating)又称资信评级,是一种社会中介服务,为社会提供资信信息,或为单位自身提供决策参考。信用评级最初产生于20世纪初期的美国,1902年,穆迪公司的创始人穆迪开始对当时发行的铁路债券进行评级,后来延伸到各种金融产品及各种评估对象。

(一)债券的信用评级发展历史

信用评级制度已经有100多年的历史。1837年路易斯·塔班在纽约建立了第一个信用评级机构。1849年约迪·布拉特斯建立了自己的信用评级机构,并于1857年出版发行了第一本信用评级指南。1860年,海瑞·普尔设立了普尔出版公司,发行了《美国铁路运河史》,刊载美国最具代表性公司的经营分析。1909年,约翰·穆迪发表《铁路投资分析》一文,运用记号表示投资债券的优劣,并将其信用评级的结果公布。1914年起,穆迪公司开始对企业债券进行评估,普尔出版公司也于1916年正式加入该领域。1923年,标准统计公司也开始对公债及公司债进行评级。1941年,标准与普尔两家公司合并成为人们所熟知的标准普尔公司。在1929年经济大恐慌后,信用评级的用途受到投资者的了解与喜爱,但当时大多数的发行公司与投资银行对此加以排斥,因为它们反对自己的证券收到低劣的评级。时至今日,信用评级早已受到全面的重视与接受,是债券投资最重要的信息来源之一,未经评级企业发行的债券很难被投资者接受,也降低了企业的筹资能力,因此企业乐于接受评级。

我国的信用评级发端于20世纪80年代后期。1987年2月国务院颁布了《企业债券管理暂行条例》,信用评级机构首先开始对企业债券进行信用评级。1992年6月,中国信用评级协会筹备会经过多次讨论制定了《债券信用评级办法》。1993年国务院做出明确规定,要求发行企业债券必须经过信用评级,债券发行额度在1亿元以上的还要有全国性的信用评级机构的评估。目前,我国主要的信用评级机构是以中诚信国际信用评级有限公司、大公国际资信评估有限公司为代表的独立的信用评级机构。我国《公司法》和《证券法》都规定发行企业债券或公司债券必须通过债券信用评级,在一定程度上可以为投资者选择债券提供依据,减少盲目性,也有助于债券市场的良性健康发展。

(二)信用评级的作用

信用评级的目的在于揭示受评对象违约风险的大小,而不是其他类型的投资风险,如利率风险、通货膨胀风险及汇率风险等。

需要指出的是,信用评级不同于股票推荐,前者是基于资本市场中债务人违约风险做出的,评价债务人能否及时偿付利息和本金,但不对股价本身做出评论;后者是根据每股盈利(EPS)及市盈率(PE)做出的,往往对股价本身的走向做出判断。前者针对债权人,后者针对股份持有人。

信用评级在当今债券市场上的作用已然不可或缺,主要体现在以下几个方面:

1. 信用评级有利于资本市场的公平、公正、诚信

相对于一般投资者,随着金融市场的发展,各类有价证券的发行与日俱增,广大投资者迫切需要了解发行主体的信用情况以优化投资选择、实现投资安全性、取得可靠收益。信用评级可以为投资者提供公正、客观的信息,从而起到保护投资者利益的作用。

信用评级可以作为资本市场管理部门审查决策的依据,保持资本市场秩序稳定。因为信用等级是政府主管部门审批债券发行的前提条件,它可以使发行主体限制在偿债能力较强、信用程度较高的企业。

信用评级也有利于企业低成本地筹集资金。企业迫切要求自己的经营状况得到合理的分析和恰当的评价,以利于银行和社会公众投资者按照自己的经营管理水平和信用状况给予资金支持,并通过不断改善经营管理,提高自己的资信级别,降低筹资成本,最大限度地享受相应的权益。

2. 信用评级是商业银行确定贷款风险程度的依据和信贷资产风险管理的基础

企业作为经济活动的主体单位,与银行有着密切的信用往来关系,银行信贷是其生产发展的重要资金来源之一,其生产经营活动状况的好坏、行为的规范与否,直接关系到银行信贷资金使用好坏和效益高低。这就要求银行对企业的经营活

动、经营成果、获利能力、偿债能力等给予科学的评价,以确定信贷资产损失的不确定程度,最大限度地防范贷款风险。

(三)信用评级方法

信用评级是一个相当复杂的专业领域,针对不同的评级标的——中央政府公债、地方政府公债及公司债等,不仅所选取的变量不同,在评级方法上也有所不同。例如就国家信用评级与企业综合评级而言,前者需要分析经济增长、政治风险、外汇支付能力及投资环境等,后者则针对财务状况、经营管理状况、产业特性及未来展望等进行分析。又如针对公司的评级,必须依据评级目的的不同而有特定的分析重点,如果是针对公司债,评级需要特别考虑违约风险;如果是针对投资观点,则要偏向获利能力与未来展望。因此,评级十分重视个别的状况,通常是由对该标的、该产业十分专精的人员来担任。

各评级机构所使用的资料,一般来自评级标的的年报、季报及各种财务报表。评级的基本因素包括获利能力、资产价值、收益的安全及稳定性等,还有一些无形的因素(如经营管理、未来展望、总体环境等)也会被纳入考虑。方法是利用统计性的测试,配合经济、贸易等因素加以决定。

下面简单介绍几种主流的信用评级方法。

1. 要素分析法

不同的方法对要素有不同的理解,主要有以下几种要素分析方法:

(1)5C要素分析法。这种方法主要分析以下五个方面信用要素:借款人品德(Character)、经营能力(Capacity)、资本(Capital)、资产抵押(Collateral)和经济环境(Condition)。

(2)5P要素分析法。这种方法主要分析以下五个方面信用要素:个人因素(Personal Factor)、资金用途因素(Purpose Factor)、还款财源因素(Payment Factor)、债权保障因素(Protection Factor)和企业前景因素(Perspective Factor)。

(3)4F要素分析法。4F要素分析法着重分析以下四个方面要素:组织要素(Organization Factor)、经济要素(Economic Factor)、财务要素(Financial Factor)和管理要素(Management Factor)。

上述评级方法在内容上都大同小异,都是根据信用的形成要素进行定性分析,必要时配合定量计算。它们的共同之处在于都将道德品质、还款能力、资本实力和企业经营环境条件等要素逐一进行评分,但必须把企业信用影响因素的各个方面都包括进去,不能遗漏,否则信用分析就达不到全面反映信用状况的要求。传统的信用评级要素分析法均是金融机构对客户做信用风险分析时所采用的专家分析法。在该指标体系中,重点为定性分析,通过他们与客户的经常性接触而积累的经验来判断客户的信用水平。美国几家信用评级公司均认为信用分析基本上属于定性分析,虽然也重视一些定量的财务指标,但最终结论还是要依靠信用分析人员的主观判断,最后由评级委员会投票决定。

2. 综合分析法

综合分析评级方法是依据受评客体的实际统计数据,利用综合评级得分的数学模型进行计算,得出综合评级得分。

3. 加权评分法

这是目前信用评级中应用最多的一种方法。一般做法是根据各具体指标在评级总目标中的不同地位给出或设定其标准权数,同时确定各具体指标的标准值,然后比较指标的实际数值与标准值得到级别指标分值,最后汇总指标分值求得加权评估总分。

这种方法的最大优点是简便易算,但也存在一些明显缺陷:

(1)未能区分指标的不同性质,会导致计算出的综合指数不尽科学。信用评级中往往会有一些指标属于状态指标,如资产负债率并不是越大越好,也不是越小越好,而是越接近标准水平越好。对于状态指标,加权评分法很容易得出错误的结果。

(2)不能动态地反映企业发展的变动状况。企业信用是连续不断的,加权评分法只考察一年,反映企业的时点状态,很难判断信用风险状况变化及其趋势。

(3)忽视了权数作用的区间规定性。严格意义上讲,权数作用的完整区间应该是指标最高值与最低值之间,不是平均值也不是最高值。加权评分法计算综合指数时,使用指标数值实际值与标准值进行对比后,再乘上权数。这就忽视了权数的作用区间,会造成评估结果的误差。

4. 多变量信用风险二维判断分析评级法

对信用状况的分析、关注、集成和判断是一个不可分割的有机整体,这也是多变量信用风险二维判断分析法的评级过程。

多变量分析是以财务比率为解释变量,运用数量统计方法推导而建立起的标准模型。运用此模型预测某种性质事件发生的可能性,使评级人员能及早发现信用危机信号。经长期实践,这类模型的应用是最有效的。多变量分析就是要从若干表明观测对象特征的变量值(财务比率)中筛选出能提供较多信息的变量并建立判别函数,使推导出的判别函数对观测样本分类时的错判率最小,根据判别分值、确定的临界值对研究对象进行信用风险的定位。

二维判断就是从两方面同时考察信用风险的变动状况:一是空间,即正确反映受评客体在本行业(或全产业)时点状态所处的地位;二是时间,尽可能考察一段时期内受评客体发生信用风险的可能性。

(四)债券信用等级划分

信用评级机构用字母来表示受评债券的信用等级,不同的信用等级对应着不同的信用风险程度,如 AAA 或 Aaa 代表最高信用等级,信用风险最小。在每个信用等级中,穆迪公司使用 1、2 或 3 作为后缀,标准普尔公司和惠誉国际及国内信用评级机构使用 + 或 - 作为后缀,以便做出更精确的等级划分。表 7-1 列出了穆迪、标准普尔、中诚信和大公国际的债券信用等级划分和各个等级的含义。

表 7-1 债券信用等级划分

等级符号				含义	
标准普尔	穆迪	中诚信	大公国际		
AAA	Aaa	AAA	AAA	极高信誉	信用程度高,清偿能力很强,风险很小;资金实力雄厚,资产质量优良,各项指标先进,经营状况佳,盈利能力强;不确定性因素对其经营与发展的影响极小,企业陷入财务困境的可能性极小
AA	Aa	AA	AA		信用程度较优,清偿能力较强,风险小;资金实力较强,资产质量较好,各项指标先进,经营状况佳,盈利水平较高;不确定性因素对其经营与发展的影响很小

续表

等级符号				含义	
标准普尔	穆迪	中诚信	大公国际		
A	A	A	A	高信誉	信用程度较好,在正常情况下清偿能力较强,风险小;资金实力、资产质量尚可,各项经济指标处于中上等水平,盈利能力和偿债能力有时会受经营环境和其他内外部条件不良变化的影响,但风险较小
BBB	Baa	BBB	BAA		信用程度尚可,有一定的清偿能力,但易受经营环境和其他内外部条件不良变化的影响;资产和财务状况一般,各项经济指标处于中等水平,偿债能力有波动,目前尚有能力还本付息
BB	Ba	BB	BA	投机性	信用能力不足,清偿能力较弱,风险相对较大,对经营环境和其他内外部条件变化较为敏感,具有较大的不确定性;资产和财务状况及经济指标处于较低水平,含有投机性因素
B	B	B	B		信用程度一般,清偿能力弱,风险相对越来越大,对经营环境和其他内外部条件变化较为敏感,容易受到冲击;一旦处于较为恶劣的经济环境下,有可能发生逃债
CCC	Caa	CCC	CAA	极低信誉	信用较差,清偿能力弱,盈利能力下降;对债权人和投资者保障较小,存在重大风险和不稳定性
CC	Ca	CC	CA		信用很差,清偿能力很弱,已处于亏损状态;对债权人和投资者具有高度的投机性
C	C	C	C		信用极差,亏损较为严重;债务清偿能力极低,濒临破产
D	D				信用极差,亏损严重;基本丧失清偿能力,濒临破产

标准普尔的 BBB 及以上等级、穆迪的 Baa 及以上等级、中诚信的 BBB 及以上等级、大公国际的 BAA 及以上等级的债券都被认为是投资级债券；反之，信用等级低于上述级别的债券则被称为投机级债券或垃圾债券。在国外，像保险公司、养老基金这样的机构投资者通常被禁止投资于投机级债券。在中国，证券投资基金、社保基金和保险公司等机构投资者通常只对 AA 级及以上等级的企业债券感兴趣。然而低信用等级的债券也并非没有市场，20 世纪 70~80 年代，信用等级极低的所谓垃圾债券在美国就曾辉煌一时。不具备投资级信用的公司乐于发行垃圾债券，因为这为它们开启了比银行贷款成本更低的筹资渠道。对于投资者而言，垃圾级债券可能获得的高收益成为吸引他们的最主要特性。

关键词

公募发行　　做市商制度　　信用风险　　偿债基金　　加权评分法

扩展阅读

我国债券市场现状之深度剖析[①]

截至2015年9月,中国债券市场的债券托管余额达45.30万亿元,仅次于美国、日本,位列世界第三。其中场外市场交易量占到交易总额的80%以上,是投资者交易的最主要场所。主要的交易参与者是各类金融机构,集中度较高,投资者结构不够多元化。当前,我国债券市场券种创新不断,国际化程度进一步加深,发展态势良好,但信用债违约问题不容小觑。

一、我国债券的交易市场及主要参与者

我国债券的交易市场分为场外市场和场内市场。场外市场包括银行间市场和银行柜台市场,场内市场包括上海证券交易所和深圳证券交易所。银行间债券市场的主要参与者是我国的各类机构投资者,属于大宗交易市场(批发市场)。银行柜台交易市场(俗称OTC市场)的主要参与者是个人和部分机构投资者,一般由交易双方协商交易价格。交易所市场则为投资者提供线上交易在深交所和上交所上市的各类债券品种。其中,上交所交易的债券总额占到了场内交易市场总量的90%以上,是国内最主要的场内交易市场。

二、我国债券市场的登记、托管、结算制度

为明晰债权债务关系、保障投资人的权益,我国先后成立了中央国债登记结算有限责任公司(简称"中债登")、中国证券登记结算有限责任公司(简称"中证登")、上海清算所(简称"上清所"),对不同的债券市场分别实施集中统一的证券登记、托管、结算制度。

---

① 资料来源:金融界网站。

中债登与上清所共同负责银行间债券市场债券品种的发行、托管与结算业务。此外，中债登也是商业银行柜台市场债券业务的一级托管人和交易所托管国债的总托管人。中证登则承接了原来隶属于上海和深圳证券交易所的全部登记结算业务，施行"中央登记、二级托管"的制度。

据格上理财统计，截至2015年9月，债券市场当年共发行各类债券累计达15.24万亿元，已超过2014年全年发行量(12.09万亿元)的26.05%。其中：上清所发债量最大，达7.55万亿；中债登次之，为6.89万亿元；由中证登负责的交易所发债量仅为7 919亿，占总规模的5.20%。从以上数据可以看出，目前我国的个人投资者可独立参与的债券交易范围狭小，未来发展空间巨大。

此外，截至2015年9月，债券市场当年共发行债券只数为9 766只，已远超2014年的全年发行只数(7 356只)，其中，上清所发行只数最多为7 230只。可见，与中债登相比，上清所发行的债券品种具有单只债券规模较小的特点。

截至2015年9月末，全国债券市场总托管量达到45.30万亿元，与2014年末环比增长22.76%。全市场的托管余额规模自2012～2015年9月分别年度环比增长14.49%、20.66%、22.77%，增长态势良好。

综合中债登、上清所、中证登登记新发债券的券种结构来看，截至2015年9月，债券发行量占据前三的债券种类为政府债券(25.45%)、同业存单(21.45%)、政策性银行债(13.51%)，相较于2014年末占比最大的前三甲政策性银行债券(19.78%)、政府债券(17.43%)、超短期融资券(9.46%)而言，发行券种结构维持相对稳定。

2015年以来，同业存单发行量规模剧增，较2014年末环比增幅264.07%。造成这种现象的原因或可归因为利率下行，银行同业负债率升高和主动发行同业存单，以提升自身的吸金能力、资产负债管理能力、利率定价水平及维护、拓展同业客户等。

据格上理财统计，截至2015年9月，我国纳入统计的银行间债券市场中(主要券种)，持有人身份明确的债券面额总计为33.51万亿元，主要参与者为商业银行、非银行金融机构(法人/非法人)、特殊结算成员等。主要的券种为政策性银行债、国债、中期票据等。

从持有债券的投资者结构来看，商业银行及非银行金融机构占比之和达到

88.18%。可见,我国债券市场的参与集中度较高,投资者结构不够多元化。

从被持有的券种结构来看,以安全性高的政策性银行债、国债、中期票据为主,三者累计占比之和为70.75%,其他券种占比均低于10%。目前来看,我国债券市场种类渐趋丰富,但投资者对于各种债券的持有比例却出现大幅度倾斜,表明众多新兴债券品种或尚在适应期,发行量有限,或尚未被广大投资者认可,市场参与度低,但未来发展空间可期。

三、我国债券市场的国际化进程

自进入2014年,我国债券市场加快了国际化的进程。如:2014年2月,以中债-5年期国债指数为标的的全球第一只RQFII ETF基金在中国香港交易所上市成功;2014年11月,以中债-中国高等级债券指数为标的的ETF产品在美国纽约交易所挂牌上市等。

2015年以来,债券国际化没有展现出任何疲态,仍旧大步向前:

(1)2015年2月,青岛城投通过境外平台公司——香港国际(青岛)有限公司成功发行8亿美元境外债券,这是中国城投类公司首次在境外发行美元债。

(2)2015年7月,国际债券市场上第一只由中国保险机构发行的巨灾债券Panda Re在境外获成功配售。该债券开通了借助可交易证券向资本市场转移中国巨灾风险的通道,提升了中国巨灾风险的承保能力。

(3)2015年11月,中国建筑股份有限公司采用Reg-S规则成功定价发行5年期债券5亿美元,票息率2.95%,到期收益率3.178%,是中国建筑工程企业迄今为止发行的票息和收益率最低的一笔境外美元债券,为整个行业树立了良好的标杆。

这些产品的成功上市,标志着人民币债券市场国际化程度进一步提高,为中国政府部门、银行、企业等进入国际资本市场提供了新途径,也意味着国际市场对中国债券市场的认可进一步加深。同时,越来越多的境外机构参与中国债券市场。据格上理财统计,截至2015年9月,在中央结算公司开立托管账户的境外机构达288家,较2014年末增加106家。境外机构在银行间市场持有债券共计0.61万亿元,较2014年末增长11.44%。

此外,2015年6月,人民币境内外市场打通,离岸债券发行出现回暖迹象。境外人民币业务清算行和参加银行可开展中国银行间债券市场债券回购交易,此举在一定程度上打通了人民币的在岸和离岸市场。同时,蒙古国发行3年期人民币主权债券,日本发行首只人民币债券——富士山债。

四、债券创新

自2014年以来,债券创新品种呈现井喷式增长。商业银行同业存单、人民币定向债务融资工具、项目收益票据、资产支持票据、并购票据、碳收益票据、非公开定向可转债融资工具、供应链票据、永续债等多个债市创新产品相继出现,进一步满足了企业的多元化融资需求,降低了企业的融资成本,也同时满足了投资者投资多元化的需求。2014年12月底在上交所发行上市的我国证券市场第一单公开发行可交换公司债券更是引来投资者的高度追捧,上市首日涨幅达18.2%,对推动企业盘活存量资产具有里程碑式的意义。不可否认的是,在相关政策的支持下,未来债券市场创新产品的发展不可限量。

五、债券违约

自发债以来,我国国家层面发行的债券并无一例实质性违约,然而,这并不表示债券具有无风险性。近两年时间内,包括"11超日债""12湘鄂债""11天威MTN2""12中富01""12二重集MTN1""10中钢债""10英利MTN1""15山水SCP001"在内的8只债券已出现实质性违约。从违约的债券品种来看,超短融、短融、中票、企业债、公司债等均有涉及;从行业分布来看,主要集中于新能源和产能过剩的行业。逐步升级的信用债危机不断拷问着中国债市未来的发展路径,行业内部"刚性兑付"的潜规则不断地被打破。然而,从长远来看,通过债券违约进行的优胜劣汰是市场导向型债市的必经之路,对于未来债市的良性发展具有一定的推动作用。

目前来看,债市发展已经具有一定的规模,然而,券种及投资者众多,集中度却很高,新兴券种及小规模投资者市场参与度有限,债市发展并未健全。此外,逐渐暴露出的债券信用违约也将债市的未来走向置于风口浪尖之上。债市若要成功转型到真正意义上的市场导向的、券种多样化的、投资者结构多元化的新状态,或需经历一个较为漫长的过渡期。

本章测试

单项选择题

1. 我国央行票据是哪一年产生的(　　)。

   A. 1997 年 B. 1998 年

   C. 2003 年 D. 2005 年

2. 下列各选项中,哪一项不属于固定收益证券市场运作过程(　　)。

   A. 研发过程 B. 发行过程

   C. 流通过程 D. 偿还过程

3. 根据固定收益证券的期限可将其划分为(　　)。

   A. 一级市场和二级市场 B. 货币市场和资本市场

   C. 连续市场和集合市场 D. 交易所市场和场外交易市场

4. 以下哪一项不是影响债券信用风险的基本面因素(　　)。

   A. 宏观经济环境 B. 行业背景

   C. 次级条款 D. 财务状况

5. 以下说法错误的是(　　)。

   A. 标准普尔的 Baa 及以上等级被认为是投资级债券

   B. 穆迪的 Baa 及以上等级被认为是投资级债券

   C. 中诚信的 BBB 及以上等级被认为是投资级债券

   D. 大公国际的 BAA 及以上等级被认为是投资级债券

参考答案

单项选择题

1. C   2. A   3. B   4. C   5. A

第八章

固定收益证券产品介绍

 学习目标

1. 理解可赎回债券和可转换债券的概念、特点及优缺点。
2. 理解资产支持债券的概念及几种常见的种类。
3. 理解抵押支持债券。
4. 理解抵押过手债券、担保抵押债券和剥离式抵押支持债券。

引导案例

近年来,随着我国金融行业的稳步发展,固定收益证券的产品创新速度不断加快。特别是2013年和2014年,我国的固定收益证券产品创新层出不穷。其中具有代表意义的是,2013年9月6日,国债期货正式在中国金融期货交易所上市交易。这将满足投资者规避利率风险的需求,不但可以提高债券市场定价效率,反映市场预期,完善我国基准利率曲线,更为各类金融资产定价提供了坚实依据。此外,随着互联网科技的进步,以余额宝、理财通和零钱宝等为代表的互联网金融模式下的固定收益产品也取得了蓬勃发展。固定收益产品创新有助于改善小微企业融资环境,优化金融资源配置,提高金融体系包容性。[①]

[①] 资料来源:王培. 固定收益产品创新及风险管理研究(有删改). 天津大学论文,2014.

第一节　含权债券

含权债券是债券契约中含有期权条款的债券,它可以进一步分为赋予发行者选择权的债券和赋予债券持有者选择权的债券。可赎回债券和可转换债券就是含权债券的两个典型代表。

一、可赎回债券

可赎回债券是指其发行人有权在特定时间按照某个价格强制从债券持有人手中将其赎回的债券。

可赎回债券内含可赎回期权,即赋予发行人在到期日之前根据一组预先设定的赎回价格来赎回债券的权利,这种情况一般出现在利率下降、债券价格上升的时候。由此可知,发行人持有的赎回权是一个在标的价格上升的时候买标的资产的权利,所以它是一个看涨期权。在发行人持有赎回权的情况下,会限制投资者因为债券价格上涨而获得的利润。这种可赎回期权对债券持有人将产生两方面的不利影响。

首先,可赎回债券的持有人面临再投资风险,因为在债券的市场收益率低于债券的息票利率时,发行人才会提前收回债券,以便日后以更低的成本来发行新的债券。从投资者的角度来说,投资收益必须按较低的利率进行再投资。

其次,在利率下降的环境中,可赎回债券的价格上升潜力会受到限制,因为当市场利率下降时,市场会越来越强烈地预期债券会按赎回价格被提前赎回,因此可赎回债券将面临价格压制。

那么,在存在这两方面不利影响的背景下,为什么投资者还是愿意购买可赎回债券呢？这必然是因为这种债券在价格方面有一定的补偿,或者投资者将以获得潜在高收益的形式来获得更多的补偿。

二、可转换债券

可转换债券是指其投资者可以按约定的条件将债券转换为发行人或第三方公司股票的一种债券。

可转换债券内嵌转换选择权,这种将债券转换为一定数量股票的权利也可以理解为按一定价格购买公司股票、同时将债券回售给公司的权利。这种按一定价格或比例将公司发行的债券转换为股票的权利,称为转股权。

由于可转换债券在条件适当的时候随时都可能被转换成股票,所以存在可转换债券究竟是债券还是股票的问题。可转换债券究竟是债券还是股票,这更多地取决于其转换条件和股票的市场价格。在没有非价格因素限定的条件下,如果目标股票的市场价格较高,可被视为与股票相当的证券;相反,如果股票价格较低,转换选择权没有实际价值时,可转换债券也就是与普通债券没有差异的债券;当股票价格处于以上两种情况之间,即转换选择权既可能被执行也可能不被执行时,我们可以将可转换债券视为一种股债混合型债券。

除了转股权外,可转换债券还常常嵌有赎回权、回售权、转股价特别修正权等期权权利。这些期权权利的选择权和转股价特别修正权有些归于债券发行人(如赎回权),有些归于债券持有人(如回售权和转股权)。

可转换债券的投资特征取决于股票价格。如果股票价格过低,从而直接价值高于转换价值,那么债券将像直接债券一样交易,在这种情况下,可转换债券被称为债券等价类可转换债券或不良可转换债券。当股票价格较高,导致可转换价值高于直接价值时,可转换债券将如同股权工具来进行交易,此时可转换债券被称为股票等价类可转换债券。介于债券等价类可转换债券和股票等价类可转换债券这两种情况之间的,可转换债券作为一种混合债券来交易,此类债券具有债券和股票工具的双重特征。

从以上可转换债券投资的特点来看,投资可转换债券有利有弊,不利之处是必须支付每股溢价而牺牲了价格上升潜力;有利之处是减少了损失风险,并有机会通过持有可转换债券获取更高的当前收入来弥补每股溢价。同时投资可转换债券还会涉及赎回风险和兼并风险等。赎回风险是相对于投资者来说的,对于债券发行人来说,这是一个有价值的债券特征。如果发行人认为当前的股票市场被严重低估,那么直接卖出股票就可以稀释现有股东的股权。公司更愿意以股权而不是债权进行融资,所以公司发行可转换债券,并根据可接受的股票价格来设定转换比率。当市场价格达到转化的临界点时,公司希望进行转化以避免未来价格下跌的风险。这促使公司对强制性转换非常感兴趣,但是这对投资者很不利,因为赎回行为可能对债券价格产生不利影响。另外,兼并也是投资可转换债券的另一种风险,如果债券发行人被另一家公司或本公司内部收购,那么股票价格上升可能不足以使可转换债券的持有人从债券的可转换特征中获益。被收购公司的股票在兼并活动完成后可能不再进行交易,这时留给投资者的就只有息票利率比具有同样风险的公司债券低很多的债券。

将可转换债券拆分成同等直接债券、赎回期权、回售期权和以股票为标的的看涨期权来估计其价值。可转换债券的投资者有权按约定的价格购买股票,而直接购买股票的投资者没有这项权利。可转换债券的价值可以用下式来表示:

可转换债券价值 = 同等直接债券价值 + 股票看涨期权价值 + 回售期权价值 − 赎回期权价值

第二节 资产支持债券

资产支持债券是指以某种资产组合为基础发行的债券。

资产支持债券从20世纪80年代出现以来,发展十分迅速。资产支持债券是资产证券化的产物,所以资产证券化的进程其实就代表了资产支持债券的发展历程。

资产证券化的发展经历了两个阶段:首先是银行信贷资产证券化,其次是其他公司应收账款证券化。资产证券化在出现后发展迅速,之所以有如此迅猛的发展,有三个方面的原因:①证券化提高了发起人的资本收益率;②证券化有助于发起人进行资产负债管理;③资产证券化为发行者提供了一种新的融资方式。

资产证券化的经济意义可以分别从宏观和微观两个层面来进行分析。从宏观方面来看:首先,资产证券化促进了金融机构职能的细分,有助于实现规模经济;其次,资产证券化改善了信息不对称程度,降低了交易成本;再次,资产证券化提高了金融体系的运作效率；最后，资产证券化重构了金融服务体系。从微观方面来看：首先，资产证券化改善了发行人的资本结构；其次，资产证券化可以改善银行的期限管理；再次，资产证券化提高了资产的流动性，降低了资产的风险；最后，资产证券化提供了新的融资渠道。

下面我们将介绍几种常见的资产支持债券。

一、信用卡资产支持债券

信用卡资产支持债券由信用卡和应收款支持，由银行、零售商、旅行和娱乐公司发起。信用卡资产支持债券向其持有者定期支付利息，在规定的期限内（如"锁定期限"或"循环期限"内），信用卡借款人的本金支付通过受托人而保留和重新投资在其他应收账款上。锁定期限的变动有 18 个月 ~ 10 年。锁定期限结束后，本金不再重新投资，只是支付给投资者。这一时期被称为"本金分期偿还期"。在信用卡应收款结构中有三种不同的分期偿还结构：过手支付结构、控制性分期偿还结构和一次性支付结构。

在过手支付结构中，信用卡应收款的本金现金流向债券持有人的支付按比例进行。在控制性分期偿还结构中，要建立计划本金偿还数额。计划本金偿还数额很低，这样即使在出现某些压力的情况时，契约也能得到满足，投资者被支付较少的计划本金数额或按比例的数额。在一次性支付结构中，投资者在一次性分配中达到全部数额。由于一次性支付全部的数量没有保证，委托人按月累计分配本金，以产生足够的利息进行定期利息支付，并积累本金进行偿还。

信用卡应收款资产支持债券的条款要求如果某些事件发生，本金要提前分期偿还。这种条款被称为"提前分期偿还"或"快速分期偿还"，作为发行信用质量的安全保证。现金流可以改变的唯一途径是提前分期偿还条款的使用。

如果信托人不能产生足够的收入以抵补投资者息票和服务费，提前分期偿还将被启动。能够引发提前分期偿还的事件还有违约、信用卡资金下降到低于规定数额或发行人破坏了关于组合和服务的协议。

二、住宅产权贷款支持债券

住宅产权贷款支持债券由住宅产权贷款支持。住宅产权贷款是由居民财产支持的贷款。这种贷款在资产方面一般具有第二处置权。近年来,一些贷款在经过请求后具有了第一处置权,这些具有第一处置权的住宅产权贷款或者具有相似信用质量的贷款就可以用于支持住宅产权贷款支持债券的发行。借款人的信用质量可以用 A、B、C、D 四个等级来评定。

住宅产权贷款支持债券既可以是封闭式的可以是开放式的。封闭式住宅产权贷款支持债券的构成与住宅抵押贷款是相同的形式,固定利率、完全的分期偿还,具有固定到期日、固定利率,支付的构成是在到期日前完全分期偿清贷款。封闭式住宅产权贷款支持债券的现金流包括利息、计划本金偿还数额、预先支付。

开放式住宅产权贷款支持债券是指给定房屋所有人信贷额度,能够签发支票或使用信用卡以达到额度数。信贷额度数量取决于借款人在其财产中的产权数,房屋业主能够在循环期限内根据额度借入资金。在贷款期末,房屋业主可以通过一次性支付来偿清所借数额或分期偿还尚未偿还的余额。

三、汽车贷款支持债券

汽车贷款支持债券的发行者主要由汽车制造商的金融分支机构、商业银行、独立的财务公司和较小的专门从事汽车贷款的金融机构组成。汽车贷款支持债券是以汽车购买合同和汽车租赁组合为担保的。

汽车贷款的借款人一般会按计划进行贷款的每月支付(包括利息和计划本金偿还额),也可能提前偿还。汽车贷款的提前支付有很多可能的原因:①销售和用做折价的旧物品要求完全清偿贷款;②拥有新的汽车,继而出售旧汽车;③汽车损失或被破坏;④用现金付贷款以节省利息成本;⑤较低利率成本下的贷款重新融资。

但在实际生活中,汽车贷款提前还贷的风险较小。尽管重新融资可能是抵押贷款提前偿还的主要原因,但它们对汽车贷款是无关紧要的,因为许多汽车贷款的利率可能远低于市场利率,这种低利率是厂商促销的一部分。另外,汽车贷款的坏账比例也较低。所以,汽车贷款支持债券的现金流尽管有提前偿还的情况,但没有很大的不确定性。汽车贷款在美国具有普及率高、贷款规模大、收入流稳定的特点,使之成为资产证券化的最佳选择。以此发行的资产支持证券的期限多为 1~3 年,发行商按月支付给投资者的本息收入,构成汽车贷款支持债券的支出流。由于收入流和支出流相互匹配,汽车贷款支持债券成为深受投资者欢迎的金融工具。

第三节 抵押支持债券

抵押支持债券(Mortgage – Backed Security, MBS)是不动产抵押贷款的衍生产品,它的出现是为了解决不动产抵押贷款流动性差和金融机构资产短期性的矛盾。抵押支持债券的发行者将不动产抵押贷款按照其自身的特点集中起来,设立集合基金,并以此为基础发行债券。抵押支持债券的出现,大大促进了住宅金融市场的发展,抵押支持债券市场也成为美国金融市场中的重要组成部分。

抵押支持债券包括抵押过手债券、担保抵押债券和剥离式抵押支持债券三种。后两者被认为是衍生的抵押支持债券,因为它们是在抵押过手债券的基础上产生的。

抵押支持债券的发行商从金融机构手中买入不动产抵押贷款,将其组合成资产池,并且按照不动产抵押贷款自身特点的不同,如利率、期限、担保情况、相对于借款者收入而言的还款比率以及相对于不动产价值而言的抵押比率,形成不同的抵押贷款集合基金。由于每个基金中所有抵押贷款的特性都一样,所以集合基金有着与基金内抵押贷款特性相同的现金流,这成为集合基金发行债券的基础。以集合基金的现金流为资金来源,可以产生两种基本的抵押支持债券:①比例偿还的债券,债券投资者可以按照自己持有的债券份额收到本金和利息;②逐一偿还的债券,债券投资者按照事先约定的次序获得本息。第一种类型的债券包括抵押过手债券和剥离式抵押支持债券,第二种类型的债券就是通常所说的担保抵押债券。以下将对这几种类型的抵押支持债券进行介绍。

一、抵押过手债券

抵押过手债券是抵押支持债券的基本形式。债券发行商以抵押债券集合基金为基础发行债券,然后定期收取抵押贷款的本息,扣除一定的服务费用之后,将本息转交给债券的购买者。在这里抵押贷款的本息收入由抵押支持债券的发起者转交给投资者,因此称之为抵押过手债券。

抵押过手债券的资产池由许多抵押品构成。它的现金流由基础抵押品决定,这些基础抵押品包括:月度抵押支付利率、本金偿付计划以及任何形式的预付款。抵押过手债券的持有者每月可以获得一定的收益。抵押过手债券的特点是将抵押集合的产权过手给证券持有人,证券份额代表了证券持有人对抵押集合中抵押权的产权份额。在证券发行前,抵押集合的产权是属于发行者的;证券发行后,抵押集合作为一项财产,其产权由所有证券持有人共同拥有。发行者只是这项财产的经营者,负责抵押集合的管理和服务,并接受全体权证持有人的监督(通常委托一家信托机构作为监管机构,代表所有证券持有者对发行人的管理行为进行监督)。过手证券的过手含义有两层:一是产权过手给投资者;二是每期还本付息的资金流入抵押集合后,管理者在扣除管理服务费等规定开支后,马上又流出来过手给证券持有人。

抵押过手债券包括以下三个基本运作环节:

一是债券发行商从抵押贷款发起人手中购买抵押贷款,形成抵押贷款集合基金。

二是债券发行商以这些抵押贷款组合为担保,发放抵押贷款债券。

三是该抵押贷款债券的发行商负责或委托其他机构收取抵押贷款的本金和利息,并在扣除服务费和担保费之后,将本息收入全部"过手"给抵押过手债券的投资者。

抵押过手债券的现金流大小是由作为抵押资产的贷款的现金流决定的,贷款的现金流分为利息、本金和费用三部分,其中利息和本金的支付就是抵押过手债券的现金流。抵押过手债券的票面利率(称为过手利率)要小于贷款的票面利率。抵押过手债券现金流发生的时间和贷款现金流发生的时间也不一样,前者要比后者晚一些。确定抵押过手债券的现金流关键是对于提前支付的预测。目前美国通用的预测方法是采用公共证券协会(PSA)提前支付标准,这个标准由一系列提前支付常数组成。

抵押过手债券的月度现金流要比抵押贷款的现金流少,少付出的那部分包括服务费用和债券的发行费用,所以抵押过手债券的票面利率要小于基础贷款池的利率。

最初的抵押过手债券是以固定利率、年金形式支付的抵押贷款集合资金为基础的,后来随着金融工程技术的深入和债券市场的发展,以可调整利率的抵押贷款、七年一次性支付抵押贷款、大额抵押贷款和多户住宅贷款组合为基础发行的抵押过手债券也逐渐被推出。

二、剥离式抵押支持债券

剥离式抵押支持债券是一种在本金和利率的分配中选择按比例分配或非均匀分配的衍生抵押支持债券。它将抵押贷款的所有利息和所有本金的现金流分成两个等级。剥离式抵押支持债券有两种类型:①合成息票过手债券;②IO 债券/PO 债券(Interest Only/Principal Only)。合成息票过手债券由于本金和利息的非均匀分配导致合成息票利率和抵押品的利率不同,而包含所有利息的债券称为利息债券(IO 债券),包含所有本金的债券成为本金债券(PO 债券)。早在 1987 年,剥离式抵押支持债券发行时,利率按照一个类别来分配,而本金按照另外一个类别来分配。利息债券类别不能获得本金支付,而本金债券类别不能获得利息支付。

本金债券的发行采取折价发行的方式,债券的实际收益率取决于提前偿付的速度。提前偿付的速度越快,投资者的收益率就越高。利息债券没有面值,它的收益来源于贷款利息的支付。因此当贷款提前偿付时,利息债券所有者的收益就会减少,所以与本金债券投资者相反,利息债券投资者希望提前偿付率低一些。

抵押利率的变化对 PO 债券和 IO 债券价格的影响是不同的。

当抵押利率降到息票利率以下时,预期提前支付会加速,这样会加速对 PO 债券持有者的支付,从而使得 PO 债券的现金流对其投资者来说变得更加有利;另外,由于市场上的抵押利率下降,要以较低的利率贴现现金流量,PO 债券的价格会上升。反之,当抵押利率高于息票利率,预期提前偿付放慢,现金流量恶化,与较高的贴现率相伴,会导致 PO 债券价格下降。

对于 IO 债券,如果抵押利率降到息票利率以下,预期提前偿付会加速,导致 IO 债券预期现金流恶化,尽管贴现率同时也低了,但是最后结果通常是 IO 债券价格降低;如果抵押利率高于息票利率,预期现金流量会增长,以较高的贴现率贴现,这样在抵押利率高于息票利率一定的范围内,IO 债券的价格会增加,但超出一定的范围则会下降。

剥离式抵押支持债券可以用来对冲抵押过手债券的组合,或是与抵押贷款相关的金融产品组合。

三、担保抵押债券

担保抵押债券是以抵押过手债券或者不动产抵押贷款的现金流为基础发行的一系列不同期限、不同收益风险特性的抵押债券,因此又被称为多级抵押支持债券。担保抵押债券的推出是为了解决抵押支持债券由于抵押贷款预先偿付带来的风险问题。由于贷款预先偿付的不确定性,使得以往发行的抵押支持债券的预先偿付风险较为突出。虽然担保抵押债券不能降低这种风险,但它通过发行不同期限、不同收益风险特性的抵押债券,使得预先偿付风险在不同的债券投资者之间重新分配。

投资于抵押过手债券的投资者仍然要面临所有贷款提前支付的风险,如何将提前支付的风险重新分配呢?一种方法就是将每个月的现金流按优先程度进行重新分配。对于抵押过手债券来说,就是把本金的支付(包括正常支付和提前支付)进行重新分配。

以抵押过手债券为例,即将其现金流分为三个部分,具体规则如图8-1:

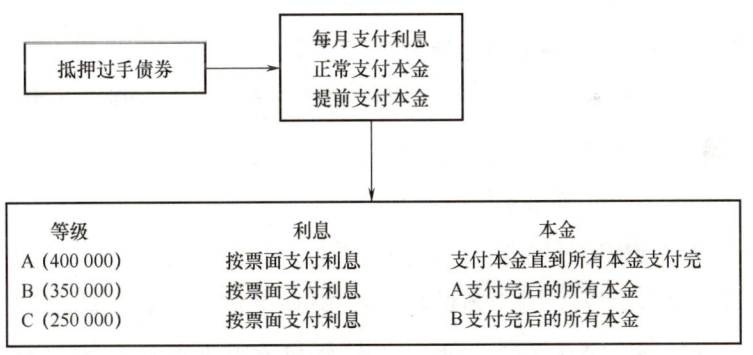

图8-1 担保抵押债券构造示意

将贷款总额分为三个部分,分别为400 000元、350 000元和250 000元,称为A、B、C。三个等级的利息支付是相同的,即根据占总价值的比率来确定利息的金额。以A为例,其面值占总面值的40%,那么其利息也为总利息的40%。在本金支付的时候,先支付 A 的本金(包括正常支付本金和提前支付本金),直到 A 的所有本金完全支付。然后支付 B 的本金(包括正常支付本金和提前支付本金),直到 B 的所有本金完全支付。最后支付 C 的本金(包括正常支付本金和提前支付本金)。按上面方法构造的债券称为担保抵押债券。

担保抵押债券的总提前支付风险等于贷款池中所有贷款的提前支付风险之和,也就是说,担保抵押债券同样没有减少提前支付风险。但是担保抵押债券改变了提前支付风险的分布:A 首先承担了提前支付风险,然后是 B,随后是 C。这样,A 实际上是期限较短的债券,B 的期限稍微长一些,C 的期限最长,机构投资者就可以根据他们的资产负债结构选择不同期限的债券,而且可以通过对抵押贷款现金流的不同分配来减少担保抵押债券中不同等级债券期限的不确定性。

担保抵押债券中 C 债券的提前支付风险最小,因为 A 债券承担了大部分的提前支付风险,一般称之为支付债券或伴随债券。

担保抵押债券的特点是利用期限分层技术重组基础贷款组合的现金流,创造出不同期限档次的债券,投资者的风险与潜在收益随证券期限的延长而增长。担保抵押债券的典型形式一般包含四级债券。贷款组合的现金流首先用于支付 A 级债券的本金,当完全偿付后,转而支付 B 级债券的本金,同理再行支付 C 类债券本金。A、B、C 级债券在发行日开始见票面利率支付利息,当前三类债券本息都被偿付后,从资产池中产生的剩余现金流方可用于支付 Z 债券的本息。Z 债券是应计利息累计债券,在其前面各级债券本息被清偿后,才开始享有利息和本金收入,为支付的当期利息累积起来加入其本金余额。Z 债券存在的效应:前三级债券的本金支付因 Z 债券利息的延迟支付而加速。

担保抵押债券构造过程中产生的不同类型的债券有以下几个特征:①通过众多不同期限的提前偿贷款,现金流的稳定性增强;②浮动利率负债的匹配性更好;③在利率下降的环境中,存在大量上升的潜力;④在利率上升的环境中,存在较少的下降风险;⑤资产可以被用做与抵押相关产品套期保值活动。

从整体上看,担保抵押贷款的多样性有助于抵押支持债券市场的扩大,这给所有参与者都带来了好处:债券发行商有较宽广的发行市场,投资者可以有更多的投资选择,承销商则可以获得更多的利润。担保抵押债券的优越性使得它一面世就获得了迅速的发展,并衍生出许多新的债券类型。

四、担保债务凭证

担保债务凭证是资产证券化家族的重要组成部分,它的标的资产通常是信贷资产或债券,担保债务凭证可进一步分为两类:①信贷资产的证券化;②市场流通债券的再证券化。担保债务凭证是一种固定收益证券,现金流量的可预测性较高,不仅为投资人提供了多元化的投资渠道、增加了投资收益,更强化了金融机构的资金运用效率,转移不确定风险。凡具有现金流量的资产,都可以作为证券化的标的。通常创始银行将拥有现金流量的资产汇集成群组,然后进行资产包装及分割,转给特殊目的公司,以私募或公开发行方式卖出固定收益证券或收益凭证。债务担保凭证背后的支撑是由以下债务工具组成的资产池:美国国内投资级别债券和高收益公司债券、美国国内银行贷款、新兴市场债券、特殊贷款和不良贷款、外国银行贷款、资产支持证券、住宅和商业抵押支持证券和其他的担保债务凭证。当资产池由债务类工具构成时,该类担保债券凭证称为债券抵押证券;当资产池里的资产是银行贷款时,该类担保债券凭证称为贷款抵押证券。

在担保债务凭证的运作中,资产管理者对资产组合进行管理,用发行担保债务凭证获得的资金来购买资产。担保债务凭证结构中包含票据或者抵押债券,由评级机构对票据或者抵押债券评级,还有一系列限制条款来规定管理者对担保债务凭证组合的管理活动。如果资产管理者违反了规定,票据的级别将会降低,托管人将会把本金支付给担保债务结构中的高级票据持有者。

担保债务凭证可以根据发起人的交易动机来分类:如果发起人的动机是获得持有资产池中固定收益产品的到期差价和对债券持有者的支付,那么这种交易就叫做套利交易;如果发起人的动机是从资产负债表中去掉债务工具(主要是贷款),那么这种交易就叫做资产负债表交易。进行资产负债表交易的一般是金融机构,如银行和保险公司,它们通过减少贷款来减少对资本的要求。

关键词

可赎回债券　　可转换债券　　住宅产权贷款支持债券　　抵押过手债券
担保抵押债券　　剥离式抵押支持债券

扩展阅读

债券市场在持续创新与开放中发展[①]

中国银行间债券市场是一片潜力与活力兼备的沃土,创新与开放似乎是其永恒的主题。回望 2015 年的债券市场,持续创新纷至沓来、亮点不断,双向开放有条不紊、稳步推进,凡此种种,无不传递着催人奋进的力量。

一、地方债市场成绩斐然

得益于置换债券的成功发行,地方政府债券市场规模得以增长。为保障在建项目融资和资金链不断裂,处理好化解债务与稳增长的关系,同时降低利息负担,缓解部分地方支出压力,经国务院批准,财政部分别于 2015 年 3 月、6 月和 8 月,分三批下达了合计 3.2 万亿元的地方政府债券额度以置换存量债务。置换范围则是截至 2013 年 6 月 30 日,地方政府负有偿还责任的存量债务中 2015 年到期需要偿还的部分。

发行机制上也有较多创新,实现了地方债自发自还全覆盖。为保障地方政府债券平稳有序发行,财政部、人民银行、银监会联合印发通知,明确债务置换可采用定向承销方式。发行定价逐步市场化。

而在发行后的流通环节,流动性机制同样有了进展。地方政府债券被纳入中央国库现金管理、地方国库现金管理和部分货币政策操作的抵押品范围。

二、专项建设债券破壳

2015 年 8 月份,首批专项建设债券的发行实施方案披露,由国开行、农发行向

---

① 资料来源:金融时报,2016-02-20.

邮储银行定向发行专项建设债券,总规模3 000亿元,中央财政按照专项建设债券利率的90%给予贴息。

此次发行的专项建设债券是首批基础设施专项金融债,国开行、农发行将把所筹资金用于项目资本金投入、股权投资和参与地方投融资基金等。此轮专项建设债券的总体发行额度在1万亿元左右,资金成本在0.5%~1%之间。业内人士认为,发行专项金融债意在发挥定向引导资金的作用,提高金融对接实体经济的效率,发挥开发性金融和政策性金融的乘数效应。

与专项建设债券的破壳相比,信用债的关键词则是发行提速。尤其是公司债券方面,发行主体范围的扩大使得其发行量迎来了迅猛增长。

三、资产证券化发展提速

在2014年银监会、证监会提出备案制后,中国人民银行于2015年4月推出信贷资产支持证券的发行注册制。在一系列政策红利的推动下,资产证券化产品市场规模持续增长,市场流动性不断提升。

2015年,资产证券化市场创新步伐不断加快,基础资产类型更加多样,基础资产覆盖公司贷款、汽车贷款、住房抵押贷款、融资租赁资产、小额贷款及住房公积金贷款等新领域。资产证券化作为重要的金融创新,因其具备盘活存量、提高资金配置效率等特点,成为金融业转型发展的有效选择。

债券衍生品也进一步推出。首先是银行间标准债券远期推出,丰富了场外衍生工具。其次是10年期国债期货合约正式在中金所挂牌。业内人士向记者表示,10年期国债期货合约的挂牌,填补了中国债券市场长端避险工具的空白,有利于进一步提升国债收益率曲线的准确性和有效性。

不过,作为市场基础设施,国债收益率曲线的进一步发展并不止于此。根据国债管理、金融市场发展等方面的需要,按照国债余额管理制度有关规定,财政部自2015年二季度起按月滚动发行6个月期国债,自四季度起按周滚动发行3个月期国债,并于11月27日在财政部网站首次公布3个月、6个月国债收益率,在此基础上将关键期限国债收益率曲线改为"中国国债收益率曲线"。

"短期国债的常态化滚动发行有利于进一步完善国债期限结构,优化短端国债收益率曲线,增强国债收益率曲线的定价基准作用,促进了货币政策和财政政策的协调,同时支持了人民币加入特别提款权货币篮子,推进了人民币国际化战略。"中央结算公司研发部相关人士向记者表示。

四、债市开放"引进来"步履清晰

2015年6月份,人民银行发布《关于境外人民币业务清算行、境外参加银行开展银行间债券市场债券回购交易的通知》,提出已获准进入银行间债券市场的境外人民币清算行和参加行可开展债券回购交易,其中正回购的融资余额不高于所持债券余额的100%,且回购资金可调出境外使用。

7月份,人民银行进一步放开相关境外机构(境外央行、国际金融组织、主权财富基金)进入银行间债券市场,将审批制改为备案制,投资额度放开,交易品种也相应拓宽,可参与现券、回购、借贷、远期、利率互换和远期利率协议等,并允许其自主选择结算代理人为其代理交易和结算,境外投资者参与市场的深度和灵活性提高。

9月份以来,伴随利率市场化、汇率形成机制改革以及资本账户开放等方面实现的新突破,人民币国际化取得重要进展,沉寂10年的"熊猫债"被重新激活。四个月内,境外机构已发行或获准发行的"熊猫债"超过200亿元。

与此同时,境外机构进入境内债券市场投资交易的步伐进一步加快。数据显示,截至2015年底,在中央结算公司开立账户的境外投资者超过300家,持有人民币债券资产突破6 000亿元,占全市场境外投资者持有量的90%以上。

五、"走出去"与互联互通并进

在离岸市场,中国银行2015年6月在亚洲地区和伦敦等地发行"一带一路"主题债券、中国人民银行10月在伦敦发行50亿元人民币央行票据、中国建设银行11月在马来西亚发行海上丝绸之路债券……一系列债券发行丰富了离岸市场高等级人民币金融产品,有利于深化离岸人民币市场的发展。

在债券市场互联互通方面,中国人民银行于2015年10月31日在其网站公布了近期中韩金融合作取得的五方面新进展,其中包括"在风险可控的前提下,促进中韩债券市场基础设施,包括登记、托管、结算机构之间的互联互通机制建设"。

在此指导下,中央结算公司与韩国中央托管机构就互联支持"债市通"方案进行了技术性研究磋商,取得了阶段性进展,相信在不久的将来,"债市通"将成为可能。

本章测试

单项选择题

1. 下列关于可赎回债券的表述不正确的是(　　)。

A. 其他条件均相同时,可赎回债券的发行价格比普通债券更低

B. 可赎回债券对于债券发行人而言,可以使融资成本更低。但是投资人对于此类债券的购买意愿低于回报率相同的普通债券

C. 由于可赎回债券的债券发行人可以在债券发行后的任意时间赎回债券,发行人一般通过提供潜在的高收益吸引投资者

D. 可赎回债券在市场利率下降时最有可能被执行赎回权

2. 下列关于资产支持债券的表述不正确的是(　　)。

A. 资产支持债券是资产证券化的产物,历史上首先出现了银行信贷资产债券,进而才出现了各种应收账款债券

B. 资产证券化可以使资产持有者提高资本收益率、优化财务报表并且优化融资渠道

C. 对于信用卡资产支持证券而言,若信托人出现财务危机无法偿还服务费,本金的提前分期偿还将被启动

D. 汽车贷款支持债券面临非常高的提前还贷风险,贷款者重新融资是抵押贷款提前偿还的主要原因。但是,汽车贷款的坏账率比较低

3. 下列关于担保抵押债券的表述正确的是(　　)。

A. 担保抵押债券又被称为多级抵押支持债券,通过分级可以使所有等级债券的提前偿付风险重新进行分配,因此受到广泛欢迎

B. 对于最高等级的担保抵押债券,提前偿付风险被完全转移给其他等级的债券。由于收益可以得到绝对保障,因此其收益率在所有等级债券中是最低的

C. 由于最低等级的担保抵押债券几乎面临贷款池中全部的提前偿付风险,因此其期限是最长的

D. 担保抵押债券中提前偿付风险最小的债券一般被称为支付债券或伴随债

券。而即使是提前支付风险最高的等级债券,也有非常广阔的发行市场

4. 下列关于担保债务凭证的表述正确的是( )。

A. 担保债务凭证是资产证券化家族的重要组成部分,是一种固定收益证券。但由于债务违约风险的存在,其现金流量的可预测性差

B. 担保债务凭证为投资人提供了多元化的投资渠道,转移了不确定风险。因此,所有的具有现金流量的资产,都可以作为证券化的标的

C. 担保债务凭证可以根据发起人的交易动机来进行分类。一般而言,如果发起人的动机是获得持有资产池中固定收益产品的到期差价,那么这种改善资产负债表的交易被称为资产负债表交易

D. 资产管理者可以对资产组合进行管理。如果资产管理者违反了限制条款中的相应规定,票据的级别将会被降低,托管人将会更少地把本金支付给高级别票据持有者

5. 下列关于可赎回债券和可转换债券的比较,正确的是( )。

A. 可赎回债券对于投资者来说,意味着更有可能减少损失风险,因为当公司经营出现问题时可以将债券赎回以免遭受资金损失

B. 同等条件下,由于可转换债券可以转换为股票获得更大的回报,可转换债券的发行价一般比可赎回债券的发行价格更高

C. 可转换债券和可赎回债券都内嵌了转换选择权。前者是可以按照一定的比例免费获得公司股票的转股权,后者是可赎回期权

D. 可转换债券的投资特征取决于股票价格。当股票价格过低时,股票升值潜力巨大,直接价值远低于转换价值,因此可转换债券将视做股权工具来进行交易

参考答案

单项选择题

1. C   2. D   3. A   4. B   5. B

参考书目

1. 王敬．固定收益证券[M]．成都：西南财经大学出版社,2010.
2. 陈蓉,郑振龙．固定收益证券[M]．北京：北京大学出版社,2011.
3. 林清泉．固定收益证券[M]．北京：中国人民大学出版社,2013.
4. 张雪莹．固定收益证券[M]．北京：清华大学出版社,2014.
5. 张戡,徐晟．固定收益证券[M]．北京：北京师范大学出版社,2011.
6. 潘席龙．固定收益证券分析[M]．北京：机械工业出版社,2011.
7. 蒋先玲．货币银行学[M]．北京：中国金融出版社,2010.
8. 弗兰克·J.法博齐．固定收益证券手册[M]．北京：中国人民大学出版社,2005.
9. 布鲁斯·塔克曼．固定收益证券[M]．香港：宇航出版社,科文(香港)出版有限公司,1999.
10. 姚长辉．固定收益证券定价与利率风险管理[M]．北京：北京大学出版社,2013.
11. 陈松男．固定收益证券与衍生品[M]．北京：机械工业出版社,2014.